《아주 특별한 상식 NN-이슬람》
이슬람, 우리는 무엇을 알고 있나?

THE NO-NONSENSE GUIDE TO ISLAM
by Ziauddin Sadar and Merryl Wyn Davis
ⓒ New Internationalist Publications Ltd 2004
This translation from English of THE NO-NONSENSE GUIDE TO Islam
first publishes in 2004 by arrangement with New Internationalist Publications Ltd., Oxford, UK.
All rights reserved.

Korean translation copyright ⓒ 2007 by E-Who(Siwool) Publishing Co.
Korean edition is published by arrangement with New Internationalist Publications Ltd
through Imprima Korea Agency.

이 책의 한국어판 저작권은 Imprima Korea Agency를 통해
New Internationalist Publications Ltd와의 독점계약으로 도서출판 이후에 있습니다.
저작권법에 의하여 한국 내에서 보호를 받는 저작물이므로 무단전재와 복제를 금합니다.

《아주 특별한 상식 NN-이슬람

이슬람, 우리는 무엇을 알고 있나?

지아우딘 사르다르, 메릴 윈 데이비스 | 유나영 옮김

이후

《아주 특별한 상식 NN》이란?

우리 시대의 핵심 주제를 한눈에 알게 하는《아주 특별한 상식 NN》

이 시리즈는 2001년에 영국에서 처음 출간되기 시작했습니다. 'The NO-NONSENSE guide'라는 이름을 갖고 있었으나 한국판을 출간하면서 지금 이 시대를 살아가는 우리가 꼭 알아야 할 '특별한 상식'을 이야기해 보자는 뜻으로《아주 특별한 상식 NN》이란 이름을 붙였습니다. 세계화, 기후변화, 세계의 빈곤처럼 복잡하면서도 중요한 전 세계의 쟁점을 쉽게 이해할 수 있도록 기획된 책입니다.

각 주제와 관련된 주요 논쟁거리를 쉽게 알 수 있도록 관련 사실, 도표와 그래프, 각종 정보와 분석을 수록했습니다. 해당 주제와 관련된 행동에 직접 나서고 싶은 독자를 위해서는 세계의 관련 단체들이 어디에 있으며, 어떤 일을 하고 있는지 소개해 놓았습니다. 더 읽을 만한 자료는 무엇인지, 특별히 염두에 두고 읽어야 할 정보들은 어떤 것이 있는지도 한눈에 들어오게 편집했습니다.

우리 시대의 핵심 주제들을 짧은 시간에 쉽게 파악할 수 있게 도와주는 이 시리즈에는 이 책들을 기획하고 엮은 집단 '뉴 인터내셔널리스트New Internationalist'가 지난 30년간 쌓은 노하우가 담겨 있으며, 날카로우면서도 세련된 문장들은 또한 긴박하고 역동적인 책읽기의 즐거움을 느끼게 해 줄 것입니다.

1. 아주 특별한 상식 NN-세계화
2. 아주 특별한 상식 NN-세계의 빈곤
3. 아주 특별한 상식 NN-과학
4. 아주 특별한 상식 NN-기후변화
5. 아주 특별한 상식 NN-공정 무역
6. 아주 특별한 상식 NN-세계사
7. 아주 특별한 상식 NN-민주주의
8. 아주 특별한 상식 NN-이슬람
9. 아주 특별한 상식 NN-테러리즘
10. 아주 특별한 상식 NN-성적 다양성

다음 세대를 살아가는 데 알맞은 대안적 세계관으로 이끌어 줄 《아주 특별한 상식 NN》 시리즈에는 주류 언론에서 중요하게 다루지 않는 특별한 관점과 통계 자료, 수치들이 풍부하게 들어 있습니다. 이 시대를 살아가는 데 꼭 필요한 주제를 엄선한 각 권을 읽고 나면 독자들은 명확한 주제 의식으로 세계를 바라볼 수 있게 될 것입니다.
《아주 특별한 상식 NN》이 완간된 뒤에도, 이 책을 읽은 바로 당신의 손으로 이 시리즈가 계속 이어질 수 있기를 바랍니다.

NO-NONSENSE

《아주 특별한 상식 NN》, 어떻게 읽을까?

〈본문 가운데〉

▶ 용어 설명

본문 내용 가운데 특별히 중요한 용어는 따로 뽑아 표시해 주었다. 읽는이가 꼭 짚고 넘어가야 할 개념이나 중요한 책들, 사회적으로 의미가 있는 단체, 역사적 사건에 대한 설명 들이 들어 있다.

▶ 인물 설명

역사적으로 중요한 인물, 각 분야의 문제 인물의 생몰연도와 간단한 업적을 적어 주었다.

▶ 깊이 읽기

본문 내용을 이해하는 데 부차적으로 필요한 논거들, 꼭 언급해야 하는 것이지만 본문에서 따로 설명하지 않고 있는 것들을 적어 주었다.

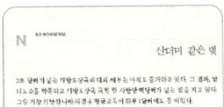

▶ 자료

원서에 있던 자료를 그대로 쓴 것이다. 본문을 읽을 때 도움이 될 통계 자료, 사건 따위를 설명하고 있다.

〈부록에 실은 것들〉

▶ **본문 내용 참고 자료**

원서에 있던 자료 가운데, 본문과 따로 좀 더 심도 깊게 들여다보면 좋을 것들을 부록으로 옮겨 놓았다.

▶ **관련 단체**

해당 주제와 관련된 활동을 펼치는 국제단체를 소개하고, 웹사이트도 실어 놓았다.

▶ **참고 문헌**

더 찾아보고 싶은 자료들이 있다면 해당 주제와 관련된 정보를 친절하게 실어 놓은 부록을 통해 단행본, 정기간행물, 웹사이트 주소를 찾아보면 된다.

▶ **함께 보면 좋을 책과 영화**

이 책과 더불어 보면 좋을 책과 영화를 소개해 놓았다.

차례

- 《아주 특별한 상식 NN》이란?   4
- 《아주 특별한 상식 NN》, 어떻게 읽을까?   6
- 추천하는 글
  이슬람의 과거와 현재, 그리고 미래를 밝히는 책—가야수딘 시디퀴   13
- 일러두기   16
- 여는 글
  무슬림의 더 나은 미래를 위해 해야 할 일   18

1장 꾸란과 시라

꾸란   26
시라   31

2장 이슬람이란 무엇인가?

이슬람의 다섯 기둥   54
전승   63
세계관   69
분배 정의   73

 **3장 정통 칼리프**

초대 칼리프 아부 바크르   81
2대 칼리프 우마르   82
3대 칼리프 오스만   86
4대 칼리프 알리   87
케르발라의 비극   91
시아파의 독립   93

4장 팽창과 제국

중앙아시아에서 유럽까지   98
중국   106
인도   107
동남아시아   109
아프리카   110

▶ 5장 문명과 학문 116

▶ 6장 이슬람과 서구

　십자군 136
　식민주의 140
　오리엔탈리즘 150
　이슬람과 서구의 협력 155

▶ 7장 개혁 운동 160

▶ 8장 현대 이슬람의 쟁점들

　근본주의 173
　이슬람 법 174
　여성의 권리 179
　민주주의 183

9장 막다른 벽을 넘어서 186

부록

부록 1—이슬람 연표   194

부록 2—본문 내용 참고 자료   200

부록 3—원서 주석   206

부록 4—저자 참고 문헌   207

부록 5—관련 단체   208

부록 6—함께 보면 좋을 책과 영화   211

- 옮긴이의 글
  우리가 알고 있는 이슬람,
  혹은 우리가 전혀 모르는 이슬람—유나영   215

추천하는 글

이슬람의 과거와 현재, 그리고 미래를 밝히는 책

가야수딘 시디퀴(Ghayasuddin Siddiqui, 영국 무슬림 연구소 소장)

요즘에는 단 하루도 이슬람이 뉴스에 오르내리지 않고 지나가는 날이 없다. 게다가 그것은 언제나 나쁜 뉴스다. 세계에서 텔레비전을 보고 신문을 읽는 사람들이, 무슬림은 테러리즘에 가담하거나 여성과 소수자를 억압하거나 분별없는 근본주의에 휩쓸리는 것 말고는 하는 일이 없다고 생각한다 해도 무리가 아니다.

그러나 대다수 무슬림의 믿음과 이슬람의 역사가 증명하듯이, 애초에 이슬람은 정의와 평등과 인간의 존엄성과 법의 지배를 옹호하는 세력으로 출현하였다. 문화와 부족, 인종의 차이를 넘어선 형제애를 창출했으며, 사회에서 소외된 이들을 예우하고 존중하였다. 비록 잠깐이지만 세습 통치라는 지배 규범을 뒤집는 선거 체제를 실행하기도 했다. 이슬람이 발달하고 형성되던 시기에는, 공동체에 중요한 결정을 내리기 전에 열린 논쟁을 통해 합의에 도달하는 관습을 따랐다. 이슬람은 지식과 배움과 인간의 창조성을 중시하였으며, 관용과 정의와 공공선에 대한 관심은 물론 학문과 겸양을 두루 갖춘 문명을 건설하였다.

이러한 발자취 가운데 오늘날의 무슬림 세계와 연관되는 것은 하나도 없다. 이슬람이 한때 '황금시대'를 이룩하였다는 사실은 역사적 흥밋거리에 불과하다. 문명은 남보다 탁월한 사상을 창조해 낼 때 흥성하고, 남들이 그보다 더 낫거나 강력한 사상을 만들어 낼 때 쇠퇴한다. 학자들은 그 시점을 13세기로 거슬러 추정하는데, 이슬람 문명은 무슬림들이 스스로 풀어야 할 인간의 모든 문제를 해결했다고 자부한 바로 그 순간부터 쇠퇴하기 시작했다. 이로써 모든 창조적인 노력의 문이 닫혀 버렸고, 무슬림 사회는 이 근시안으로 말미암아 매우 무거운 대가를 치러야 했다. 무슬림 세계 전체에 만연한 범용함, 불관용, 전제 정치의 근원은 모두 이 중대한 역사적 격동으로 거슬러 올라갈 수 있다. 무슬림들이 사상, 교육, 이성을 중시하는 이슬람에서 얼마나 멀어졌는지는 통계 하나만 보아도 알 수 있다. 파키스탄 아이들의 60퍼센트가 '마드라사(Madrassa, 학교)'에서 기초 교육을 받는데, 이곳에서 아이들이 배우는 것이란 기계적인 암기 교육과 편협한 사고방식과 광신뿐이다!

이슬람 앞에 놓인 선택은 분명하다. 이슬람이 오늘날의 세계에 조금이라도 부합하려면 더 공정하고 관용적이며 평화로운 사회를 건설할 능력이 있음을 입증해야 한다. 이슬람 정통파를 비롯한 여러 개혁 운동은, '선지자(무함마드, 영어식으로는 마호메트를 말한다. 옮긴이)의 마디나(Madina, 도시)'를 재건하고 8세기에 제정된 '샤리아(shaira, 이슬람 법)'를 있는 그대로 실행하려는 운동이 더 큰 재난을 부르는 길임을 깨달아야 한다. 무슬림들은 이슬람 법을 집행하기보다는 인간을 위한 공정한 질서와 시민사회를 창출하는 것이야말로 민중에게 힘을 부여하는 길임을 이해할 필요가 있다.

이 책은 복잡한 이슬람 세계의 모든 것을 숨김없이 보여 주는 안내서다. 이슬람의 풍부한 역사와 다양성, 무슬림의 고난과 시련에 대해 알기 쉽고 간결하게 살펴보고 있다. 사르다르와 데이비스는 이슬람이 과거에 무엇을 이루었으며 앞으로 무엇을 이루어 낼 능력이 있는지를 보여 주는 동시에, 과거에 무엇이 잘못되었으며 지금까지 무엇이 잘못되어 있는지도 남김없이 밝히고 있다. 그리고 더욱 중요한 것은 이슬람과 서구 모두가 스스로 변화하여, 공정한 세계 질서의 기초를 놓을 능력이 있는 온전한 인간으로서 서로를 바라보자고 이 책에서 제안하고 있다는 사실이다. 무슬림은 바로 이런 식으로 생각하고 써야 한다.

NO-NONSENSE

■일러두기

1. 인명·지명·작품명은 될 수 있는 한 '외래어 표기법'(1986년 1월 문교부 고시)과 이에 근거한 「편수자료」(1987년 국어연구소 편)를 참조해 표기했으나, 주로 원어에 근접하게 표기하는 것을 원칙으로 삼았다. 단, 국내에 전혀 알려져 있지 않거나 잘못 알려진 경우가 아니라면 이미 널리 알려진 표기법은 그대로 사용했다.

2. 본문에서 읽는이의 이해를 돕기 위해 간단한 설명이나 덧붙이고 싶은 말이 있을 경우에는 괄호 안에 적거나 본문과 다른 모양으로 편집해 넣었다. 단, 옮긴이가 덧붙인 경우 '옮긴이'라고 적었다.

3. 단행본·전집·정기간행물 등에는 겹낫쇠(『』)를, 논문·논설·단편 제목 등에는 홑낫쇠(「」)를, 논문 제목·영화·연극·방송 등에는 단격쇠(〈〉)를 사용했다. 단체 이름에는 작은따옴표(' ')를 썼다.

4. 원서에 있던 본문 주석은 모두 부록으로 뺐다.

5. 이 책에 나오는 주요한 개념들은 다음과 같다.

    딘Din—그 주된 의미는 인간 본래의 본성으로 돌아간다는 뜻. 일반적으로 '딘'에는 흔히 이해하는 종교의 개념은 물론 문화, 문명, 전통, 세계관의 개념까지 포함된다.
    샤리아Sharia—샘물로 통하는 길이라는 뜻. 이슬람의 윤리적·도덕적·법적 규약. 일반적으로 '이슬람 법'이라 번역한다.
    순나Sunnah—말뜻 그대로 하면 길 또는 모범. 특히 선지자 무함마드의 모범을 말하며, 선지자의 말과 행동, 견해도 포함됨.
    시라Sirah—선지자 무함마드의 생애 혹은 전기.
    아들Adle—정의, 좀 더 구체적으로 말해서 사회·경제·정치·환경에서 지적·영적인 측면에 이르기까지 모든 분야를 망라한 분배 정의.
    와끄프Waqf—종교적 자선 재단.
    울라마Ulama—이슬람 종교학자.
    움마Ummah—무슬림의 모임. 공통의 문화, 공통의 목표와 열망, 특정한 자의식으로 하나의 통일체를 이룬 공동체. 그러나 꼭 하나의 정부를 이루어야 하는 것은 아니다.

이슬람Islam—평화, 신에 대한 복종, 신의 종교, 인간의 자연스런 성향.
이즈마Ijma—글자 그대로 하면 동의한다는 뜻으로, 일반적으로는 공동체의 합의를 뜻하며 그중에서도 특히 지식인들의 합의를 의미함.
이즈티하드Ijtihad—체계적이고 독창적인 사고. 전력을 다하여 이해에 다다르고 견해를 정립함.
일름Ilm—모든 형태의 지식, 특히 분배되는 지식. 지혜와 정의의 개념도 포함된다.
자카트Zakat—수입과 재산에 따라 부과되는 의무적인 구빈세. 이슬람의 다섯 기둥 중 하나.
지하드Jihad—말 그대로 하면 노력, 분투라는 뜻. 신의 길을 따르기 위한 성실한 분투, 정의를 실현하고 억압이나 잘못된 일에 저항하기 위한 개인적, 경제적, 지적, 신체적 노력.
피끄흐Fiqh—이슬람의 법체계.
하디스Hadith—선지자 무함마드의 언행과 전승.
하람Haram—불법적인, 사회적·도덕적·영적으로 해로운.
할랄Halal—합법적인, 선한, 유익한.
히즈라Hijra—622년 6월 선지자 무함마드가 사명을 받은 지 12년째 되는 해에 메카에서 메디나로 이주한 사건. 이 사건이 일어난 해는 이슬람력의 원년이 된다.

6. 용어나 표기 일부는 한국 이슬람교 중앙회(이주화 선교국장)의 도움을 얻어 정리했다.

7. 책에 나오는 『꾸란』 인용문은 『성 꾸란 의미의 한국어 번역』(최명길 옮김)을 따랐다.

여는 글

무슬림의 더 나은 미래를 위해 해야 할 일

　무슬림 저자로서 우리는 툭하면 협공에 갇히고는 한다. 서양인 친구들은 이슬람을 주로 폭력과 편협, 독재와 억압, 완고함과 혼란에 결부한다. 한편 무슬림 친구들은 이슬람이라는 말 자체가 '평화'라는 뜻임을 강조하면서, 이슬람은 본질상 평화와 정의의 종교라고 말한다. 무슬림들은 사랑, 관대함, 공정함, 평등, 형제애의 모델로 선지자 무함마드의 예를 들곤 한다.
　특히 최근 들어, 이슬람을 공격성과 결부하는 예는 쉽게 찾아볼 수 있다.
　2001년 9월 11일 테러리스트들이 뉴욕과 워싱턴을 공격한 뒤로 이러한 연상 작용은 전에 없던 높이에, 아니 깊이에 도달했다. 서양인 친구들은 거듭해서 이런 질문을 한다. 왜 무슬림은 그렇게 폭력적인가? 알 카에다Al-Qaeda의 테러리즘, 팔레스타인의 자살 폭탄 테러, 사우디아라비아에서 이슬람 법의 이름으로 집행되는 채찍질과 참수형, 나이지리아에서 간통을 저지른 이를 돌로 쳐 죽이는 형벌 따위를 이슬람은 어떻게 정당화할 수 있는가? 대체로 이러한 주제를 필두로 하여 더 보편적인 질문이 제기된다. 왜 무슬림은 인권과 여성의 권리를 완고하게 무시하는가? 왜 무슬림 세계에는 민주주의가 부재한가? 왜 무슬림은 아직도 중세에 살고 있는가? 그리고 가장 흔한 질문들은 다음과 같다. 문명의 충돌은 있는가? 무슬림은 '서구의 이교도'들에 대해서 '지하드(정의의 전쟁)'를 선포했는가? 이들은 대개가 매우 타당한 질문이다. 그러나 무슬림들은 다양한 변명을 내세우면서 이런 쟁점을 무시하거나 회피하거나 얼버무리는 경향이 있다. 대신에 그들은 이슬람이 실현하고자 하는 이상을 내세우는 쪽으로 화제를 돌린다. 예를 들어 이슬람으로 개종한 독일인 무함마드 아사드Muhammad Asad는 『꾸란』에 대한 가장 존경받는 주석서 중 하나를 집필한 저명한 무슬림 학자인데, 그는 이슬람이 '중용의 길middle way', 즉 균형과 관용의 길이며, '인간의 본성이 선하다는 개념' 위에 세워진 '자유주의liberalism'의 길이라고 말한다.[1] 자칭 '진보적인' 무슬림 학자인 오미드 사피Omid Safi는, "이슬람의 전통은 개개인의 마음과 전 세계에 평화에 이르는 길을 제시한다. 테러리스트들의 행동은 진정한 이슬람을 대표하지 않는다."라고 썼다.

하지만 무엇이 '진정한 이슬람'인가? 테러리스트의 공격, 사우

• 사마르칸트Samarkand—우즈베키스탄 제2의 도시로서, 공업 및 문화의 중심지다. 중앙아시아에서 가장 오래된 도시의 하나로, 1220년 칭기즈 칸에 의해 패망되기까지는 실크로드의 교역 기지로 번창했다. 1925년부터 소련의 공화국이 되었다가 1990년 독립하였다. 레기스탄 광장에 있는 마드라사(이슬람 교육 기관), 울루그 베그의 천문대 등이 유명하다. 최근에는 칭기즈칸의 군대에 의해 폐허가 된 구시가의 발굴이 이루어져, 아랍 침공(8세기) 이전의 궁전 터와 화려한 벽화 등이 출토되었다.

디아라비아와 수단 같은 무슬림 국가에서 명백히 횡행하는 권위주의, 아프가니스탄과 파키스탄 등에서 자행되는 여성에 대한 억압의 현실에 직면했을 때, 무슬림들은 전형적으로 역사를 가리키는 경향이 있다. "진정한 이슬람이 무엇인지를 알려면 우리의 영광스런 역사를 보라."라고 무슬림들은 말한다. 실제로 서기 610년 선지자 무함마드가 현재의 사우디아라비아에 있는 메카에서 선지자로서 발자취를 남기기 시작했을 때부터 전개된 무슬림의 역사를 살펴보면, 우리는 매우 다른 모습을 띤 이슬람을 발견할 수 있다. 고전적인 이슬람 문명은 진보적이었다. 이슬람이 아라비아 반도를 넘어서 빠르게 확산된 것은 인류 역사에서 가장 놀라운 사건 중 하나였다. 또 무슬림의 영토에서 제국이 잇따라 출현하고 도시 문화가 성장하면서, 인류의 사상적 유산에 중요한 공헌을 한 예술과 과학의 꽃이 피었다. 8세기부터 16세기까지, 바그다드, 다마스쿠스, 카이로, 사마르칸트, 통북투 등은 도서관, 책방, 공중목욕탕, 병원들이 광대하고도 정교한 그물망을 이루고 있는 도시로 명성이 높았다. 실험적 방법과 우리가 오늘날 알고 있는 과학 또한 이곳에서 탄생했다. 철학은 망각에서 구원받았고, 비판되고 확장하고 진보하였다. 그리고 무슬림 스페인에서는 무슬림과 기독교도와 유대교도가 '콘비벤시아(convivencia, 스페인 말로 서로 나란히 조화를 이루며 산다는 뜻)'에 참여하면서 진정한 다문화 사회가 출현하였다.

문제는 이 모두가 지나간 역사라는 것이다. 이 모두는 시간적으로나 기질적으로나 현대의 이슬람과는 거리가 멀다. 이슬람의 이론적인 이상과 과거의 진보적인 후광을 어떻게 현대 이슬람 세계의 상황과 화해시킬 수 있을까? 이는 무슬림이 아닌 사람들에게만이 아니라 무슬림에게도 중요한 질문이다. 오늘날의 무슬림 세계는 심각한 문제에 둘러싸여 있

● **통북투** Tombouctou — 말리 중부에 있는 도시로 니제르 강과 가까운 호숫가에 위치하는 역사 도시다. 지중해 지방과 수단을 연결하는 사하라 종단 대상로隊商路의 기지였고, 14세기부터 말리 왕국과 송가이 왕국의 도시로 번영하였다. 당시에는 서부 아프리카 최대의 학술, 문화 중심지였으며 전성기인 16세기에는 4만5천 명의 인구가 살았다. 진흙을 말려서 만든 벽돌로 지은 건물이 미로처럼 좁은 길을 사이에 두고 늘어서 있으며, 광장이 있는 시장과 오래된 사원 등이 있다. 세계유산 목록에 등록되어 있다.

다. 이슬람 세계의 많은 지역이 피폐화되었고, 무슬림 중 상당수가 세계에서 가장 빈곤한 축에 든다. 그리고 이곳저곳이 내전, 종족 간 분쟁, 폭동, 테러리즘으로 얼룩져 빈곤을 부추기고 심화하고 있으며, 세계 난민의 대다수가 무슬림이다. 또 석유가 풍부한 나라가 많은데 그 산출을 안정적으로 관리하기 위해 자력에 의지하거나 새로운 문화와 미래의 가능성을 일구기보다는 서구의 전문 기술에 의존하고 있다. 무슬림 세계에는 이슬람을 외치는 목소리는 크지만, 이슬람의 기풍과 세계관에서 우러나온 실용적인 사고방식과 문제 해결을 위한 탐구 정신은 부족하다. 산적한 문제를 풀기 위해서는 이슬람으로 돌아가는 것만이 유일한 길이라

고들 외치면서, 무슬림 자신의 문제를 풀도록 활기를 북돋는 데는 실패하고 있다. 요구나 갈등이 생기더라도 무슬림들은 정부에 대해 신뢰가 적고 기대치가 낮으므로 그다지 실망하지도 않는다. 서구야말로 자신들의 모든 문제를 일으킨 근원이라고 습관적으로 비난하면서도, 서구가 그 해결책을 제시해 주지 않을까 슬며시 기대하는 모습 또한 흔히 볼 수 있다.

우선 현대의 이슬람은 하나가 아니라는 사실을 짚고 넘어가야 한다. 이슬람의 다양성은 거의 전설적이다. 이슬람 문화만 그 수가 많고 다채로운 것이 아니라, 해석, 사상 유파, 종파 그리고 정치적·비정치적·신비주의적 집단 또한 다양하고 때로는 이들끼리 서로 경쟁하기도 한다. '이슬람적Islamic'이라는 말은 여러 가지 형태의 영적 관습, 사원과 첨탑에서부터 복식, 행동 양식, 경제 관습, 정치사상, 저항 방식, 철학과 문학, 그리고 오늘날 세계정세에 영향을 미치는 다양한 사회·정치 운동에 이르는 광대한 복합체 모두에 적용할 수 있다. 사회를 괴롭히는 뚜렷한 문제를 해결하기 위해 무슬림끼리 서로 협력하고 조정하기가 어려운 것은 이러한 다양성 때문이기도 하다.

하지만 지금 이슬람을 외치는 아우성과 급진적 이슬람 운동의 구호는, 모든 상황과 환경과 문제에 똑같이 적용할 수 있는 단 하나의 불변의 이슬람이 존재한다는 관념에 집착하고 있다. 심지어는 우려하는 선의의 무슬림 지식인들 사이의 진지한 논쟁도 이런 관념에서 자유롭지 못하다. 불변성에 집착할수록 무슬림 역사의 다양성과 현대적 삶의 복잡성을 부정하게 되며, 결국 기존의 문제는 더욱 악화될 것이다.

　무슬림에게 이슬람은 중요하며 신앙은 계속해서 의미를 띨 것이다. 이 신앙의 확신을 논쟁하고 표현하되, 균형 잡힌 접근 방식을 취하여 이런 다양성 속의 통일성을 추구하고 무슬림이 직면한 문제에 대해 실질적인 대책을 제시하는 것이 어려운 과제다.

　우리가 분명하게 말할 수 있는 것은 오늘날의 이슬람에는 긴급한 개혁이 필요하다는 사실이다. 그리고 이는 무슬림은 물론 비무슬림에게도 중요하다. 이슬람은 세계에서 두 번째로 큰 종교이며, 약 13억 명의 신봉자를 거느리고 있는 것으로 추산된다. 또 이슬람은 지리·문화 복합체이자 세계 문명이기도 하다. 무슬림 세계는 모로코에서 인도네시아까지, 중앙아시아의 카자흐스탄에서 아프리카 케냐와 탄자니아의 해안 지방까지 뻗어 있다. 유럽, 호주, 북아메리카에도 상당수의 무슬림이 소수자로서 존재한다. 따라서 무슬림들이 무엇을 말하고 무엇을 행하며 문제를 해결하기 위해 무슨 노력을 하고, 이슬람을 어떻게 개혁하느냐 혹은 개혁하지 않느냐 하는 것은 우리 모두와 직접적인 관련이 있다.

　그러므로 이슬람에 혹은 이슬람 내부에서 무슨 일이 일어나느냐는 무슬림에게만 영향을 끼치는 것이 아니라 우리 모두의 미래를 결정짓는 일이다. 우리가 이슬람을 개혁하고 현 논쟁을 진전시키며 새로운 방식을 찾아내고 병폐를 단호히 극복할 능력이 있다면, 우리 모두는 무슬림이 더 나은 미래를 만들 전망과 가능성을 가시화할 수 있을 것이다.

1 꾸란과 시라

꾸란
사라

ISLAM

무슬림들에게 『꾸란』이 지니는 의미는 어떤 것인가?
선지자 무함마드의 일생이 담긴 『시라』를 통해 무슬림들이 얻는 것은 무엇인가?
『꾸란』과 『시라』를 이해하는 것은 비무슬림들에게 어떤 의미가 있을까?

NO-NONSENSE
01

꾸란과 시라

이슬람은 약 13억 명의 신자를 거느린, 세계에서 가장 큰 종교 중 하나다. 또 오래고 위대한 역사를 지닌 전통이자 문화이자 문명이다. 그런가 하면 세계를 바라보고 세계를 만들어 가는 방식, 즉 세계관이기도 하다. 이슬람을 이 중에서 한 가지 요소만 본다면 그 본모습을 놓치는 셈이다.

꾸란

역사적으로 이슬람은 『꾸란』과 더불어 시작한다. 『꾸란』은 서기 610년부터 632년까지 23년간 선지자 무함마드에게 나타난 계시를 기록한 문서다. 『꾸란』은 이슬람의 성서이며, 『꾸란』을 아는 것은 무슬림의 기본이다. 이는 선지자 무함마드에게 하나님이 직접 계시한 내용으로서, 무함마드는 일생을 『꾸란』의 그늘 아래서 살았다. 『꾸란』과 『시라(Sirah, 선지자 무함마드의 일생)』 두 개의 문서가 이슬람의 기본 문헌을 이룬다. 무슬림은 매일 다섯 차례 예배를 드리는데, 『꾸란』의 개경장인 파티하Fatihah와 최소한 한 구절을 더 읊는 것이 이 예배의 기본 절차다.

무슬림은 이 책이 신에게서 왔다는 증거로서 『꾸란』의 언어를 제시한다. 『꾸란』에 사용된 언어는 그 어떤 아랍어 글월과도 다른 특별하고 고상한 형태의 아랍어다. 『꾸란』을 읽는 일은 아랍어 원어민에게도 도전이며 세계 무슬림 중 대다수는 아랍어를 사용하지 않는다. 『꾸란』의 언어가 지닌 위엄에는 듣는 이를 감동시키는 아름다움과 힘이 있다. 실제로 선지자 무함마드의 시대에는 『꾸란』의 언어를 듣고 영향을 받아 이슬람으로 개종한 이들이 많았다. 하지만 이 언어의 기능과 구조와 표현은 비교적 기억하기가 쉽게 되어 있기도 하다. 세계 수백만의 사람들이 『꾸란』 전체를 암송하는 데 매진하고 있는데, 『꾸란』을 처음부터 끝까지 암송하는 사람들을 '하피즈hafiz'라고 한다. 오늘날의 모든 무슬림 세계에서는 『꾸란』을 암송하는 대회가 열리며, 공개적인 장소에서 유명한 구절을 낭독하는 행사나 그것을 녹음한 레코드와 테이프는 어디서나 무슬림들에게 인기가 있다.

『꾸란』 구절의 의미와 씨름하는 일은 무슬림 학문과 가르침의 시작이자 기본이다. 『꾸란』의 원문을 지키고 보존하는 일은 무슬림 공동체에서 가장 중요한 일이다. 단순히 텍스트를 있는 그대로 남기기 위해서만이 아니라, 단어와 문법이 정확한 형태를 띠고 있는지 여부가 그 의미를 이해하는 데 매우 중요하기 때문이다. 이렇게 원래 구절의 무결성無缺性을 지키고자 주의를 기울이기 때문에 무슬림들이 『꾸란』의 번역을 인정하지 못하는 것이다. 물론 여러 언어로 『꾸란』의 수많은 번역이 존재하지만, 이것들은 어디까지나 근사치로서 독자들이 아랍어 자체의 뜻을 이해하느라 고생하다가 끝나지 않도록 디딤돌을 놓아 주는 부연 설명에 불과하다. 『꾸란』은 영구한 시작점이자 참조 지점reference point

이다. 무슬림의 모든 사상 조류와 사고, 개혁, 변화에 대한 담론은 바로 이 『꾸란』이라는 단일체에 기반하고 있다. 모든 다양성은 『꾸란』에서 비롯되고 정당성을 얻는다. 『꾸란』은 종교적 배움이라는 좁은 의미의 교육, 즉 종교학과 이슬람 법을 연구하는 이들에 대한 교육의 근본임은 물론이고, 과학, 의학, 예술을 전문적으로 연구하는 이들에 대한 교육의 근본이기도 하다. 근본적으로, 이슬람은 '한 권의 책(키탑Kitab, 즉『꾸란』)'으로 이루어진 종교다.

『꾸란』은 교훈이자 가르침, 지침이다. 그 메시지는 모든 인류, 특히 '생각하는 이들'을 향한 것이다. 『꾸란』은 독자들에게 관찰하고 성찰하고 질문할 것을 거듭 거듭해서 요구한다. 그리고 하나님의 속성을 기술하는 데 상당한 분량을 할애하며, 하나님에 대한 인식과 믿음에 도달하는 유효한 방법으로써 지식과 이성을 강조한다. 계율을 지시하는 내용은 놀랍게도 거의 들어 있지 않다.

『꾸란』은 총 114개의 장(수라surah)으로 이루어져 있으며 장의 길이는 일정치 않다. 비무슬림의 눈에는 그 구조가 혼란스럽게 보일 때가 많아 이 때문에 서구 학계에서 많은 논쟁이 벌어지기도 했다. 성경과 달리 『꾸란』은 선형적 줄거리를 따르지 않고, 계시된 시간 순서대로 구절이 배열되어 있지도 않다. 대체로 길이가 긴 앞장은 신앙의 외적인 형식(구체적인 삶의 방식)을, 길이가 짧은 뒷장은 신앙의 내적인 본질과 예배와 영적 진리에 대해 말하고 있다고들 한다. 다시 말해 『꾸란』이 '무엇'과 '어떻게'에서 출발하여 '왜'라는 궁극적인 질문으로 이행하는 식으로 짜여 있다는 설명이지만, 이런 구분도 『꾸란』이 주제를 배열한 방식을 대강 어림한 데 불과하다. 『꾸란』에는 선지자 무함마드의 생애에서 일어난 사건과 부함마드가 살았던 공동체의 상황 및 그 이전의 선지자들에 대한 이야기가 들어 있으며, 은유와 알레고리와 우화를 사용하고 여러 차례 같은 주제나 테마로 되돌아온다. 이런 식으로 실례를 들어 재차 설명하면서 의미의 층위를 뽑아내고 확장하고 덧붙임으로써 그 의미와 목적을 밝혀 나간다. 따라서 『꾸란』은 임의로 배열된 문서가 아니라 관련된 부분끼리 서로 의미 있게 연관된 문서라고 볼 수 있다.

『꾸란』은 의식적으로 특정한 역사적 배경 속에서 스스로를 선언하며, 그 내용은 분명히 역사적 사건과 관련되어 있다. 그러나 『꾸란』은 이야기가 아니라 인간 역사의 의미와 함의에 대한 논평이다. 『꾸란』이 과거를 질문하는 것은 영적·물질적 진리에 대한 더 깊은 이해를 조명하고 가리키기 위해서다. 『꾸란』이 역사를 강조한 것은 무슬림의 의식에 지대한 영향을 끼쳤다. 애초부터 무슬림은 선지자가 처했던 역사적 상황과 사회적 환경, 계시가 일어난 시간과 장소를 『꾸란』을 이해하기 위해 꼭 연구해야 할 본질적인 지침으로 해석했다.

무슬림은 『꾸란』이 신성불가침하다고 믿는다. 그 텍스트의 무결성은 언제나 보존되어 왔다. 그 특별한 구조, 각 단어와 구절의 서로 맞물린 특성, 그 고상한 언어의 본질과 정확성, 그 양식의 섭리와 섬세함에 힘입어 『꾸란』은 '유일무이' 해진다. 점이나 쉼표 하나의 사소한 변화도 텍스트의 조화를 깨뜨릴 수 있다. 『꾸란』의 구절이 계시될 때마다 선지자는 그 구절을 읊고 제자들에게 그것을 가르쳤다. 구술 사회였기 때문에 선지자 자신은 여러 제자들과 마찬가지로 읽고 쓰지 못했지만, 자이드 이븐 타비트Zayd ibn Thabit 등 많은 필경사와 서기들이 그의 시중을 들어 계시된 구절을 받아 적었다. 선지자는 또 각각의 구절이 다른 구절과의 관계에서 정확히 어디에 속하는지, 그래서 『꾸란』에서 어느 위치에 들어가야 하는지도 알려 주었다. 선지자는 죽기 전에 무슬림 공동체를 대상으로 『꾸란』 전체를 여러 차례 암송해 들려주었다. 선지자가 세상을 떠난 뒤에 『꾸란』을 기록한 문서는 그의 아내 중 한 명인 하프사Hafsa에게 맡겨졌다. 무슬림 공동체가 새로운 지역으로 빠르게 확장되어 가면서, 정본과 다른 『꾸란』이 유통될 지도 모른다는 우려가 생겨났다. 선지자 무함마드의 세 번째 후계자로 무슬림 공동체의 지도자였던 칼리프 오스만 빈 아판 Othman bin Affan은 공식 공인된 『꾸란』 문서를 제정하는 위원회를 설립하였고, 자이드 이븐 타비트가 위원장을 맡았다. 이 위원회는 서기 650년부터 652년까지 현존하는 원본 문서를 전부 수집하고 선지자가 『꾸란』을 암송하는 것을 여러 번 들었던 사람들에게 자문하여, 이후 모든 무슬림이 알고 사용하게 될 정본을 확립하였다. 그들은 이전에 통용되던 모든 판본을 회수하고, 이 정식 판본을 여러 권 제작하여 모든 주요 무슬림 도시에 보냈다. 무슬림들은 이 과정 전체의 무결성과 정직성, 신중함에 대해 굳게 신뢰하고 있다.

  무슬림은 『꾸란』이 임의로 만들어진 것이 아니라 하나님에게서 직접 내려왔다고 믿고 있지만, 선지자 무함마드가 인간이라는 사실은 의문의 여지가 없다. 무함마드가 남긴 말과 격언은 언어로나 양식으로나 『꾸란』과는 완연히 다르며, 무슬림들은 이 둘을 절대로 혼동하지 않는다. 계시를 받은 자로서 선지자는 그 계시의 의미를 가장 잘 가르쳐 주는 사람이며 그 본질과 정신, 그리고 이슬람의 '딘(din, 어떻게 살 것인지에 대한 종교적 가르침)'을 어떻게 적용하고 실천할지를 보여 주는 살아 있는 모범이다. 선지자 무함마드의 전기는 『시라』라고 하는데, 여기에도 『꾸란』이 출현한 역사적 맥락에 대한 정보가 담겨 있다. 선지자가 살았던 환경과 사회 상황은 『꾸란』에 담긴 원리와 규칙의 목적과 의도를 이해하는 데 활용된다. 따라서 『시라』는 『꾸란』 다음으로 이슬람에서 중요한 기본 자료로 여겨진다.

• 딘—그 주된 의미는 인간 본래의 본성으로 돌아간다는 뜻으로, 흔히 이해하는 종교의 개념은 물론 문화, 문명, 전통, 세계관의 개념까지 모두 포함하는 포괄적인 말이다. 76쪽에서 '딘'에 대해 좀 더 자세하게 설명하고 있다.

시라

선지자 무함마드는 서기 569년 메카에서 태어났다. 메카는 거친 산으로 둘러싸인 도시로, 이 산지는 오늘날 사우디아라비아의 서해안과 나란히 놓여 산맥을 이루고 있다. 메카는 대상들의 통행로에 위치하고 있는데, 이 길은 고대로부터 구세계 전체를 연결해 온 무역 체계의 일부였다. 이 무역로는 남쪽으로 홍해의 항구로 이어져 아라비아 반도의 해안을 통해 아프리카와 인도양 무

NO-NONSENSE

서예

서예는 꾸란과 가장 밀접하게 연결된 시각 예술이다. 문외한의 눈으로 보면 건물의 벽 또는 거기에 걸린 족자에 추상적인 패턴이나 정교한 장식을 그려 놓은 것처럼 보이지만, 실제로 이것들은 꾸란 구절을 적은 글자인 경우가 많다. 아래 그림은 '비스밀라(자애로우시고 자비로우신 신의 이름으로)'라는 말을 쓴 것이다.

▶출처―http://www.isalmcity.com/Culture/Calligraphy/Calig3.htm

역 세계로 연결된다. 또 북쪽으로는 요르단, 팔레스타인, 시리아, 그리고 지중해로 이어져 고대 서아시아 및 그리스·로마 문명 세계와 연결된다. 메카 사람들은 상인이었고, 이 도시는 이슬람 이전의 아라비아 전체에서 사람들이 몰려드는 중요한 무역의 중심지이자 순례의 중심지였다.

선지자의 아버지인 압둘라Abdullah는 무함마드가 태어나던 무렵 야스립(Yathrib, 나중에 메디나로 이름이 바뀌었다.)으로 출장 가던 길에 세상을 떠났다. 그의 어머니인 아미나Amina는 그 지방의 관습에 따라 아들을 타이프 지방의 유모에게 위탁하여 길렀다. 그는 네 살이 되어 어머니에게 돌아온 뒤 함께 야스립으로 이주하여 그곳에서 2년을 살았다. 야스립에서 메카로 돌아오던 길에 아미나가 세상을 떠나자, 무함마드는 할아버지인 압드 알-무탈립 Abd al-Muttalib의 손에 맡겨졌다. 하지만 불과 2년 만에 할아버지까지 세상을 떠나자 상인이었던 삼촌 아부 탈립Abu Talib이 이제 여덟 살이 된 그를 맡게 되었다. 그는 이웃의 양떼를 돌보고 삼촌의 포목점 일을 도왔으며, 아홉 살이 되자 삼촌을 따라 팔레스타인으로 무역 여행을 떠났다.

선지자 무함마드는 스물네 살이 될 때까지 노쇠해 가는 삼촌의 사업을 맡아 경영하면서, 정직한 사람이라는 뜻의 '알-아민al-Amin'이란 별명을 얻게 되었다. 그의 명성을 전해 들은 하디자 Khadijah라는 부유한 과부가 자신의 물건을 팔레스타인으로 가져가 위탁 판매해 주기를 청했다. 무함마드가 하디자가 기대한 수익의 두 배를 내어서 돌아오자, 하디자는 그에게 청혼하였다. 하디자는 그보다 부유했을 뿐 아니라 나이도 더 많아서, 서기 595년에 둘이 결혼했을 때 그녀의 나이는 마흔 살이었다고 한다. 하지만 하디자의 나이가 스물여덟 살이었다는 설도 있는데, 결혼한 뒤에 그녀가 일곱 자녀를 낳았음을 감안하면 이 편이 좀 더 사실과 가까운 듯하다. 이 자녀들 중에서 성인이 될 때까지 살아남은 자식은 네 딸인 자닙Zanib, 루카이야Ruqaiya, 움 쿨툼Umm Kulthum, 파티마Fatimah뿐이었고 세 아들은 어려서 죽었다. 선지자 무함마드는 결혼하면서 아내의 집으로 이사하였고, 삼촌인 아부 탈립의 부담을 덜어 주기 위해 삼촌의 아들인 알리Ali를 맡아 길렀다. 알리는 훗날 무슬림 공동체의 네 번째 지도자가 된다. 선지자는 계속해서 무역상으로 일하면서 예멘으로 수차례, 오만으로 한 차례 여행하였다.

당시 아라비아 전체의 순례객들이 선지자의 출생지 메카로 모여들었던 이유는, 선지자 아브라함이 유일신을 예배하기 위해 지은 '카바Ka'aba' 신전이 있기 때문이었다. 하지만 선지자 무함마드의 시대에 카바는 360가지 신상을 모신 다신교 신전이 된 지 오래였다. 서기 605년에 카바가 화재로 손상되어 다시 지어야 했는데 수리의 마지막 단계는 건물 벽에 검고 둥근 운석을 박아 넣는 것이었다. 그런데 어느 부족이 이 '검은 돌Black Stone'을 설치하는 영예를 누릴 것인가를 놓고 시민들 사이에 큰 논쟁이 벌어졌다. 이때 마침 선지자가 그곳에 도착하자 사람들은 그에게 논쟁을 중재해 줄 것을 청하였다. 그가 내놓은 해결책은, 검은 돌을 큰 천 위에 놓고 각 부족의 대표자들이 그 천을 함께 맞들어 올려 돌을 설치하는 것이었다.

카바의 재건축은 선지자 무함마드가 종교적 성찰의 시기에 들어가는 계기가 되었다. 무함마드는 해마다 도시를 떠나 히라 산 근처의 동굴로 들어가 한 달씩 은거하면서 조용히 명상에 잠기기 시작했다. 그런 식으로 다섯 번째 은거 중일 때, 그러니까 무함마드의 나이가 마흔 살이 된 서기 609년, 그는 처음으로 천사 가브리엘을 보게 된다. 그가 동굴에서 잠들어 있을 때 천사가 나타나 그에게 "읽으라!"고 명령하였다. 선지자 무함마드는 자기는 읽지도 쓰지도 못한다고 대답하였지만, 천사는 아랑곳 않고 계속해서 선지자에게 "읽으라!"고 명령하였다. 결국 선지자가 "무엇을 읽어야 합니까?" 하고 묻자 천사가 대답하였다.

> 만물을 창조하신 주님의 이름으로 읽으라.
> 그분은 한 방울의 정액으로 인간을 창조하셨노라.
> 읽으라, 주님은 가장 은혜로운 분으로
> 연필로 쓰는 것을 가르쳐 주셨으며
> 인간이 알지 못하는 것도 가르쳐 주셨노라.
>
> —『꾸란』 96:1~96:5

이것이 선지자가 받은 첫 번째 계시였으며, 무함마드는 이 경험으로 매우 동요하였다. 집으로 돌아와서 아내인 하디자에게 이 사실을 털어놓자, 아내는 그를 위로하고 안심시키며 무함마드가 겪은 일을 진실로 믿어 주었다. 그래서 하디자는 이 새로운 종교를 받아들여 최초로 무슬림이 된 사람으로 여겨진다. 이로써 이슬람의 사자로 다시 태어난 선지자 무함마드의 일생에서 첫 번째 단계인 '메카 시대'가 시작되었다.

이 초기 단계는 무함마드가 자신이 선지자라는 사실을 받아들이려 개인적으로 고투하는 한편, 자신의 경험을 시험 삼아 가족과 가까운 친구들에게 전했던 기간이다. 그의 친구인 아부 바크르Abu Bakre와 조카 알리는 선지자 무함마드가 신의 사자가 되었음을 받아들이고 새로운 신자의 핵심 성원이 되었다. 그런가 하면 그의 가족들 중에서는 삼촌인 아부 라합Abu Lahab의 아내처럼 의심하다가 곧 노골적으로 비웃는 사람들도 있었다. 다음 계시는 히라의 동굴에서 처음 천사를 만난 지 3년 뒤에 찾아왔다. 무슬림 학자들이 『꾸란』 구절의 순서와 연대를 세심하게 조사한 덕분에, 선지자의 모든 전기에는 그가 계시라는 엄청난 사건을 선뜻 받아들이기를 주저했던 이 첫 번째 단계가 상세하게 묘사되어 있다.

초기 하디스(hadith, 선지자의 언행)를 수집하고 주석을 단 학자 중 권위자인 알-부카리al-Bukhari에 따르면, 3년간의 휴지기가 이어지고 선지자 무함마드가 거의 절망에 다다른 바로 그 시점에 메카 사람들에게 이슬람의 메시지를 공개적으로 포교하라는 소명을 받았다고 한다. 그가 공동체 전체에 새로운 종교를 공공연히 포교하기 시작하자 마찰이 빚어졌다. 특히 유력한 부족이었던 쿠라이시는 그들을 적대하고 억압하였다. 신의 유일성이라는 이슬람의 핵심 메시지는 다신교에 정면으로 위배되었으며, 선지자 무함마드의 메시지와 행동은 공동체의 이익을 위협하고 뒤엎으려는 것처럼 비쳤다. 그의 언행에 대한 소식이 아라비아 전역으로 빠르게 퍼져 나가자, 아부 수피안Abu Sufyan을 필두로 한 메카 엘리트들은 이를 우려하여 이제 서서히 그 수가 불어나고 있던 무슬림들에게 신앙을 철회하라고 압력을 가하기 시작했다. 선지자 자신은 메카의 유명한 부족인 바누 하심Banu Hashim의 일원이었는데, 이 부족의 수장이었던 삼촌 아부 탈립은 스스로는 이슬람을 받아들이지 않았지만 개인적으로 그를 보호해 주었다. 하지만 새로 개종한 많은 사람들은 쉬운 표적이 되었다. 메카의 유력자들이 자기 영역 한가운데서 일어난 이 새로운 운동을 짓누르려 들면서 개종자들은 육체적으로 시달리고 두들겨 맞고 고문당하고 죽기까지 했다.

616년 추종자들이 박해받는 모습을 보다 못한 선지자 무함마드는, 그들 중 몇몇에게 아비시니아로 피신하여 그곳의 기독교 통치자인 네구스Negus의 보호를 구하라고 조언한다. 그래서 총 80명의 무슬림이 자파르 이븐 아비 탈립Ja'far ibn Abi Talib의 인솔 하에 길을 떠난다. 그중에는 선지자의 딸인 루카이야와, 그녀의 남편이자 훗날 선지자 무함마드의 후계자로서 제3대 칼리프가 되는 오스만 빈 아판도 있었다. 피난민들은 아비시니아에서 그들의 신앙을 유지해도 좋다는 허락을 받았다. 쿠라이시 부족에서는 네구스에게 두 명의 사자를 보내, 무슬림들을 범법자로 추방해서 돌려보내 달라고 요구했지만 네구스는 이를 거절했다.

선지자와 그 가족들은 메카에 남아 배척의 대상이 되었다. 아무도 그들에게 말을 걸지 않았고, 물건을 사고팔거나 결혼하지도 않았다. 선지자 무함마드와 남은 무슬림과 그의 부족들은 도시 외곽의 외딴 지역으로 이주하여 호의적인 친척들의 도움을 비밀스레 받아 가며 겨우 살아갔다. 이들이 배척받아 심한 궁핍을 겪자 메카의 여론은 더욱 분열되었다. 619년 한 무리의 시민들이 더 이상 이런 행위를 두고 보지 않겠노라고 선언하여 선지자의 부족은 결국 도시로 돌아올 수 있었지만, 그 동안 겪은 고난과 굶주림 때문에 희생자가 생겼다. 그해에 선지자 무함마드의 아내인 하디자와 삼촌인 아부 탈립이 세상을 떠났다. 하디자는 죽기까지 선지자의 유일한 아내였는데, 선지자는 그녀가 죽은 후에 총 열한 명의 여성과 차례로 재혼하게 된다. 그들 중 다수는 초기 무슬림 공동체의 박해나 전투로 인해 남편을 잃은 과부였다. 그의 아내 중 사피야Safiyah는 유대 부족의 일원이었으며, 마지막으로 결혼한 마리암 킵티야Maryam Qibtiyah는 이집트 **콥트 기독교**도 출신이었는데, 둘 다 결혼하기 전에 이슬람으로 개종하였다. 그러나 모두가 선지자 무함마드와의 결혼을 받아들이거나 거부할 자유가 주어졌다. 선지자의 아내들은 무슬림 공동체에서 중요하며 때로는 논쟁적인 인물이다. 그들은 선지자의 구체적인 관습, 관례, 견해를 전하는 데 중요한 역할을 하였으며 이는 이슬람 문명의 일부를 형성하였다.

●**콥트 기독교**—콥트 기독교는 오랜 역사를 지닌 원시 기독교의 한 종파로 이집트에서는 현재까지도 명맥을 잇고 있다. 예수의 인성보다 신성을 중시하는 단성론을 주장하며, 451년 칼케돈 공의회에서 이단으로 낙인 찍혀 로마 교회에서 갈라져 나왔다. 옮긴이

아부 탈립이 죽으면서 바누 하심 부족의 지도권은 선지자의 활동을 완고히 반

대하던 아부 라합에게로 넘어갔다. 이제 타지로 이주해야 할 입장이 된 선지자는 친척이 있는 타이프에 답사차 방문하였다. 타이프에서 돌아온 그는 '미라지Miraj'라고 알려진 환상을 보게 된다. '미라지'는 말 그대로 '올라가다'는 뜻으로, (『꾸란』의 17장에 나오는) 신비스런 밤 여행Night Journey을 가리킨다. 이 환상 속에서 선지자 무함마드는 천사의 도움으로 메카에서 예루살렘까지 날아가 하나님이 계시는 천상으로 올라간다. 이 에피소드에서 이슬람이라는 종교의 분명한 특징이 마련되었다. 일부 주석가들은 이를 모세에게 내려진 율법과 비슷한 것으로 보기도 한다. 이 사건이 있은 뒤에 매일 다섯 번 기도를 바치는 예배 방식이 확립되었다.

메카에서는 박해가 계속되었고 선지자는 계속해서 새로운 피난처를 찾아다녔다. 그러던 621년, 야스립에서 순례 온 카즈라지Khazraj 부족의 일부가 이슬람으로 개종하였는데, 선지자가 도피처를 구해 줄 것을 부탁하자 다음 해까지 답을 가지고 돌아오기로 했다. 다음 해에 야스립에서 5백 명이 순례에 참가하였고, 그중 74명(그중 2명은 여성)이 무슬림이었다. 그들은 선지자가 자신들의 개종을 선언해 주기를 청하고 선지자를 보호하겠다는 충성서약(바이아bai'a)을 한 뒤, 그와 추종자들을 초청하여 야스립에 정착하도록 주선하였다. 곧 소규모 무슬림 집단이 예전에 살던 도시를 떠나면서 히즈라, 곧 메카에서의 이주가 시작되었다. 이슬람이 더 넓은 지역으로 퍼져 나가는 데 분노한 메카 사람들은 추적자를 피해서 달아난 선지자를 쫓아가 암살하겠노라고 서약하였다.

선지자가 메카에서 출발한 해는 새로운 시대의 출발점이자 무슬림력의 원년(라틴어로 '히즈라의 해Anno Hegirae'의 약자인 'AH'로 표시한다.)이 되었는데, 율리우스력으로 정확히 서기 622년 7월 16일이다. 이 새로운 달력은 실제로 이 사건이 일어나고 나서 17년 뒤에 제정되었다. 2대 칼리프인 우마르 이븐 알-카탑Umar ibn al-Khattab이 팽창 중이던 무슬림 제국 전체에 공통으로 적용할 수 있는 날짜 계산법을 만들기 위해 도입한 것이다.

● 히즈라Hijra—622년 6월, 선지자 무함마드가 사명을 받은 지 12년째 되는 해에 메카에서 메디나로 이주한 사건을 말한다. 이 사건이 일어난 해는 이슬람력(AH)의 원년으로, 이슬람력에서는 '히즈라'라고 칭한다.

히즈라를 기점으로 하여 이슬람은 더불어 함께 살아가는 방식으로서 중요한 제도적 변화를 겪게 된다. 야스립에는 '메디나'라는 새로운 이름이 붙었고 선지자는 이 도시의 지도자로서 인정받았다. 이 도시에는 여러 집단으로 이루어진 다양한 주민들이 살았다. 메카의 권력자들에게 재산을 몰수당하고 고향을 떠나온 '무하자르Muhajars' 즉 '이주자'들에게 실질적인 지원과 도움을 베푼 야스립의 원주민들을 '안사르Ansar' 즉 '조력자'라고 한다. 메디나는 무슬림과 다신교도와 유대인이 섞인 이질적인 도시였다. 선지자는 모든 시민이 모이는 총회를 소집하여 여러 집단들 간의 상호 관계를 규정한 서면 협약을 수립했다. 그리하여 메디나는 연합 집단으로 이루어진 정치적 · 영토적 실체, 곧 성문헌법을 지닌 도시국가가 되었다. 그들은 메카 인들로부터 적대적 위협을 받으면서, 동시에 무슬림과 비무슬림을 막론한 모든 시민의 일을 아우르는 새로운 체제를 건설하고 통합해야 했다. 이후 십 년간의 '메디나 시대'는 이런 맥락 속에서 전개되었다.

메디나 공동체 생활의 중심은 선지자가 실제로 살았던 사원이었다. 공동체는 이 사원에 모여 공무를 논의하고 의견 일치를 통해 합의를 보았다. 초기부터 사원은 언제나 종교 예배와 공공 업무(주로 사회복지)의 두 가지 기능을 모두 하는 곳이었다. 이러한 회합에 모인 남녀가 서슴없이 일어나 방금 설명한 (심지어 선지자 자신이 정한) 정책과 결정 사항에 대해 질문을 제기하였다는 일화가 기록되어 있다. 선지자는 결혼과 이혼에 대한 질문에 대답하는 등, 보통 사람들의 개별적이고 개인적인 문제를 새로운 신앙 및 삶의 방식과 조화할 수 있도록 조언하였다. 예를 들어 하디스(hadith, 선지자 무함마드의 언행과 전승, 2장 참조) 모음집을 보면, 한 절 전체를 할애하여 여자들이 선지자를 찾아와 월경, 출산, 수유에 대해 질문한 이야기를 전하고 있다. 라마단 성월에 동틀 때부터 해질 때까지 단식하고, 의무적인 '구빈세'인 '자카트zakat'를 내는 등 종교적 생활양식이 제도화된 것도 이 시기다.

또 메디나 시대는 메카와 새로운 공동체 사이에 전투가 벌어진 시기이기도 하다. 선지자는 이 중에서 세 차례의 전투에 참여하였다. 무슬림과 비무슬림을 막론하고 대개의 전기, 주석서, 일반 역사서에서는 주로 이런 전투를 중시하여 서술하는 경향이 있다. 실제로 무슬림 전기들은 『시라』의 상당 부분을 전투에 할애하고 있다. 하지만 전투가 벌어진 기간을 다 합쳐도 메디나 시대를 통틀어 한 달이 채 되지 않는다.

메카와 메디나 사이에 분쟁이 일어난 것은 놀라운 일이 아니었다. 선지자 무함마드의 영도 아래 연합 도시국가가 수립된 데다가 이 도시의 영토가 메카의 무역상들이 해마다 두 차례씩 지나가는 길목에 걸쳐 있었기 때문에, 이는 분명히 메카의 경제적 이익에 치명적인 영향을 미쳤다. 이 전투는 갓 탄생한 이슬람 공동체가 계속해서 존속할 수 있을 것인지 여부를 결정짓는 역할을 했고, 결과적으로 이슬람이 빠르게 확산되는 계기를 마련했다. 그 첫 번째인 바드르 전투는 624년에 일어났다. 바드르는 메디나에서 남서쪽으로 약 130킬로미터 떨어진 조그만 도시인데, 메카와 다마스쿠스를 연결하는 무역로 상에 있다. 대상들을 보호하기 위해 배치된 950명의 메카 군대가 여기에서 3백 명의 무슬림과 전투를 벌였다. 하루도 안 되어 끝이 난 이 맹렬한 전투에서, 지휘관인 아부 자흘Abu Jahl과 기타 유력 시민들을 비롯한 45명의 메카 인들이 죽고 무슬림 측에서도 14명이 목숨을 잃었다.

다음 해 메카 인들은 3천 명의 병력을 동원하여 메디나를 공격하였다. 선지자 무함마드는 7백 명의 무슬림을 소집했고, 메디나 바로 북쪽 우후드 언덕 근방에서 결전을 벌이기로 했다. 하지만 우후드 전투는 대규모 전쟁의 일부로 상호 합의한 정식 전투라기보다는 전통적인 복수 습격의 요소를 띠고 있었다. 처음에는 무슬림들이 메카 군대를 격퇴했지만, 곧 후방에서 급습을 받아 혼란에 빠지고 말았다. 선지자까지 전투 중에 부상을 입는 혼전 끝에 메카 군대는 20명을 잃은 반면 무슬림 측은 70명이 전사하였다. 전사한 무슬림 중에는 선지자 무함마드의 삼촌인 하즈마

Hazma도 있었는데, 아부 수피안의 아내인 힌드는 바드르에서 하즈마에게 죽음을 당한 그녀 아버지에 대한 복수로 그의 시신을 토막 내었다. 그날의 전투가 끝나자 공습 군대는 메카로 되돌아갔다.

627년 1만 명의 메카 군대가 다시 메디나를 공격하여 일명 '참호 전투Battel of Trench'가 벌어졌다. '참호 전투'란 선지자 무함마드가 도시를 보호하기 위해 방어용 해자를 파서 붙은 별명이다. 메카 군대는 해자를 넘으려 여러 번 시도했지만 실패했고, 악천후와 보급 부족, 내분으로 사기가 떨어져 결국 2주 만에 철수하기로 했다. 새로운 공동체를 무너뜨리려는 이 세 번째 시도는 양측에서 열 명의 사망자를 내는 것으로 끝이 났다. 이 전투로 메카 인들의 위신은 확실히 떨어진 반면 무슬림의 대의는 한층 신뢰를 얻게 되었다. 전투가 끝난 이후 선지자는 기근을 겪고 있던 메카에 금화 5백 개를 보내 빈민들에게 나누어 주었다. 그는 또 많은 양의 대추야자를 아부 수피안에게 보내어, 팔지 못하고 남은 짐승 가죽 재고와 맞바꾸자고 제안하기도 하였다. 기록을 보면 전투 때마다 여성들도 양측 군대를 따라가 전방에서 지원한 사실이 분명히 밝혀져 있다.

628년, 선지자는 메카에 있는 카바(이슬람의 중심 성지, 2장 참조)로 순례를 떠나겠다고 발표하고 약 천6백 명의 순례단과 함께 출발하였다. 메카의 외곽인 후다이비야에 다다른 그는 이 도시에 사절을 보내, 며칠 동안 메카에 들어가 평화롭게 머무를 수 있도록 허락해 달라고 청하였다. 메카 인들은 이 요청을 거절했지만 대신 양측 사이에 '후다이비야 협정'이 맺어졌다. 선지자는 다음 해에 순례를 와도 된다고 허락받았고, 어느 한쪽 도시가 제삼자와 분쟁에 휘말리더라도 상대방은 중립으로 남기로 합의하였다.

하지만 메카 인들은 협정을 몇 차례씩 어기면서 약속을 지키지 않았다. 그래서 630년 선지자 무함마드는 천 명의 정예 부대를 소집하여 메카로 진군하였다. 그가 진격해 오자 도시는 즉시 항복했고, 그는 피 한 방울 흘리지 않고 자신의 고향에 다시 입성하게 되었다. 도시의 원로들이 선지자 앞으로 불려 와 그 앞에 섰다. 그들은 21년간 그를 반대하고 비난하였으며, 그의 추종자들을 고문하고 죽이고, 결국에는 그를 도시 밖으로 쫓아낸 이들이었다. 선지자는 그들에게 "이제 내가 어떻게 했으면 좋겠소?" 하고 묻고는 그들이 저지른 모든 죄를 용서하였다. "이제 당신들에게는 아무런 책임도 없소. 가시오, 당신들은 자유요." 메카 인들은 이 너그러운 처사에 큰 충격을 받았고 많은 사람들이 이슬람을 받아들였는데, 그중에는 메카의 지도자인 아부 수피안도 있었다. 수많은 신상이 모셔져 있던 카바에는 우상들이 제거되고 유일신을 예배하는 신전으로 다시 봉헌되었다. 선지자 무함마드는 메카에 무슬림 군대를 하나도 남기지 않은 채 전부 다시 이끌고 메디나로 되돌아갔다.

메카의 함락을 계기로 이슬람은 아랍 전체로 빠르게 퍼져 나갔다. 아랍인이 모두 무슬림이 된 것은 아니었지만 무슬림 정부의 권위는 모두가 인정했다. 무슬림 정부는 아라비아와 경계를 맞대고 있는 비잔틴과 페르시아 등 강력한 제국들과 협정을 맺었다.

선지자는 그 통치자들에게 서신을 보내 그들에게 이슬람으로 개종할 것을 권유하였다. 메디나 시대 내내 모든 종교적·정치적 업무가 선지자 무함마드 한 사람에게 집중되었고 그는 이제 날로 규모가 커져 가는 관료 집단 속에 둘러싸이게 되었다. 632년 병약해진 선지자는 메카로 마지막 순례(핫지hajj)를 떠났다. 『꾸란』의 마지막 구절이 계시된 것은 그 순례 중의 일로, 이슬람력(AH) 11년 둘 힛자Dhul Hijjah 달(이슬람력의 열두 번째 달. 옮긴이)의 제9일이었다.

> 오늘 너희를 위해 너희의 종교를 완성했고
> 나의 은혜가 너희에게 충만하게 하였으며
> 이슬람을 너희의 신앙으로 만족케 하였노라.
> ―『꾸란』 5 : 3

이후로 이날은 무슬림이 메카로 순례를 떠나는 핫지 달 중에서도 가장 중요한 날이 되었다. 이 순례 중에 선지자 무함마드는 마지막으로 연설을 하였는데, 자신을 하나님의 종이자 하나님의 사자라 칭하면서 청중들에게 이렇게 말하였다. "오 하나님의 종들이여, 여러분은 하나님을 두려워하십시오. 하나님께 복종하십시오. 나는 선한 것으로부터 시작합니다." 고별 연설에서 그는 무슬림에게 사회 정의와 평등의 헌장을 명하였다. 이는 '무지의 시대'로부터 새로운 도덕적, 윤리적 가르침을 향해 이행 중인 사회에서 발생할 수 있는 실제적인 문제와 긴장을 공정하게 해결하기 위한 지침이었다. 여기에는 다음과 같은 중요한 내용들이 들어 있다.

"여러분은 아내들에 대해 권리가 있고, 아내들도 여러분에 대해 권리를 갖습니다."

"무슬림이라면 누구나 모두에게 한 형제입니다."

"여러분의 주님은 하나이며, 여러분의 조상도 하나입니다. 우리 모두는 진흙으로 빚어진 아담의 후손입니다."

"아랍인은 비아랍인보다 우월하지 않고, 비아랍인은 아랍인보다 우월하지 않습니다."

"이 자리에 참석하지 못했던 이들에게 이 말을 전하십시오."

선지자 무함마드는 핫지를 마치고 메디나로 돌아와 그로부터 몇 달 뒤에 평화롭게 숨을 거두었다.

선지자 무함마드는 무슬림에게 '선지자들의 봉인Seal of the Prophet'이라 불린다. 그의 죽음과 더불어 이슬람과 모든 선지자에 대한 두 개의 기본적인 전거(『꾸란』과 『시라』)가 완성되었다. 이때부터 무슬림의 역사는 변화해 가는 사회 속에서 이슬람의 가르침을 해석하고 수행하려는 인간 공동체의 투쟁이 되었다.

NO-NONSENSE

선지자 무함마드가 남긴 말씀들

▶ 하나님은 당신들을 이 푸르고 아름다운 세상의 수탁인으로 지명하셨다.
▶ 적지만 충분한 것이 넘치고 휘황한 것보다 낫다.
▶ 지식을 탐구하는 것은 모든 무슬림에게 부여된 성스러운 임무다.
▶ 하나님은 온유하시며 모든 온유한 것들을 사랑하신다.
▶ 일꾼의 땀이 마르기 전에 품삯을 주어라.
▶ 이웃이 옆에서 굶고 있는데 배불리 먹는 사람은 신앙인이 아니다.
▶ 이슬람의 특별한 덕성은 바로 겸손이다.

2 이슬람이란 무엇인가?

이슬람의 다섯 기둥
전승
세계관
분배 정의

ISLAM

우리가 알고 있는 이슬람과 실제의 이슬람은 얼마나 다를까?
이슬람의 기본 교리는 어떤 것들이며 무슬림들이 반드시 지키고자 하는 규칙들에는 어떤 것이 있는가?
비무슬림인들이 오해하고 있는 이슬람의 세계관은 어떤 것들일까?

NO-NONSENSE
02

이슬람이란 무엇인가?

하나의 종교로서 이슬람은 믿을 수 없을 정도로 단순하다. 이슬람의 교리는 다음 두 개의 진술로 이루어져 있다. "하나님 외에는 다른 신이 없다. 무함마드는 신의 사도다." 이 선언(증언한다는 뜻의 '샤하다shahadah' 라고 한다.)을 하는 사람은 모두 자유롭고 진정한 무슬림이다.

'샤하다'는 그릇된 신을 부인하고, 유일하고 전지전능하며 어디에나 존재하고 강력한 신에 대한 믿음을 확인하면서 시작한다. 하나님, 또는 알라는 절대적 창조주이자 전 우주의 통치자다. 그는 "낳지도 낳아지지도 않았다." ■ 기독교와 달리 이슬람은 신이 인간의 형태를 취하고 역사에 관여한다는 개념을 부인한다. 중개자는 필요치 않으며 오직 신 한 분만이 유일하게 숭배의 대상이 될 가치가 있다. 실제로 하나님은 성별이 없지만, 관습상 무슬림들은 '그He' 라는 대명사를 쓴다. 하나님은 유일하며, 유한한 인간의 마음으로는 하나님의 속성이나 이름으로만 그분을 알 수 있다. 이슬람 전통에서 신에게는 아흔아홉 가지의 이름이 있는데, 이는 알-아왈al-Awwal부터 시작해서 알-아키르al-Akhir로 끝난다.

신의 가장 보편적인 속성은, 무슬림이 어떤 행동을 취할 때마다 되뇌는 '자비로우시고 자애로우신 하나님의 이름으로'라는 구절 속에 들어 있다. 자애롭고 자비로운 하나님은 우리 모두의 보호자이자 부양자이자 창조주며, 모든 피조물이 유래하고 모든 창조가 귀속되며 궁극적으로 회귀하는, 사랑이 깊은 조력자이고 수여자이며 안내자다.

이슬람 신학은 이 비타협적 일신교의 전제에서 여러 가지 논리적 결론을 이끌어 낸다. 신과 그의 창조물, 그리고 남성과 여성은 서로 의존하는 관계다. 모든 개인은 신과 직접 관계를 맺으며, 끊임없이 신의 인도와 용서를 필요로 한다. 신의 눈으로 보면 모두가 똑같기 때문에, 모든 남성과 여성은 동등하다. 모든 개인은 자유의지를 부여받았으므로, 선 또는 악을 선택하여 행할 자유가 있다. 궁극적으로 모든 사람은 개인적으로 신 앞에서 자신의 행동에 대해 해명할 책임이 있으며, 죽음 이후에 심판받을 것이다.

이는 우리의 존재가 죽음과 더불어 끝나지 않는다는 뜻이기도 하다. 죽음 이후에도 상 또는 벌이 주어지는 삶이 기다리고 있다.

■ 깊이 읽기

낳지도, 낳아지지도……

『꾸란』 112장의 구절을 그대로 옮긴 것이다. 신은 누구를 낳지도 않고 누구에게서 태어나지도 않았다는, 즉 스스로 영원히 존재하며 그 자체로 완전하다는 뜻이다. 옮긴이

그러므로 우리는 사후에 고통 받지 않도록 이승에서의 행동을 조심해야 한다. 그리고 이는 개인에게만 적용되는 것이 아니라 사회 전체에도 적용되기 때문에, 사회는 정의와 평등의 길을 따라야 한다.

서구인들은 신에 대한 무슬림의 개념이 너무 가혹하고 엄격하다고 비판하고는 한다. 이슬람에 '하나님 아버지'라는 개념이 없으며, 특히 '육신을 지닌 하나님'이라는 개념을 배척하는 것은 사실이다. 하지만 이런 비판은 평범한 무슬림이 신의 개념을 경험하고 이해하는 방식을 포착하지 못하고 있다. 무슬림에게 있어 조물주는 (비록 두렵고 전능하지만) 언제 어디나 존재하는 실재다. 이는 무슬림의 일상 대화에서 알라를 상기하고 언급하는 표현이 수없이 많다는 것을 보아도 알 수 있다. 서아시아를 여행하는 사람들은 '알함 두 릴라(Al-hamdu lil Allah, 알라에게 찬미를!)'라는 구절을 자주 듣게 된다. 실제로 아랍인들은 이런 식의 표현을 지치지도 않고 줄기차게 한다.

이런 사례를 보면 신이 목의 급소보다도 인간과 더 가깝다는 무슬림의 신앙을 확인할 수 있다. 신은 우리가 인식할 수 있는 실재로서, 모든 것을 알고 모든 것을 보며 개개인의 생각과 동기와 행동을 언제나 주시하고 있다. 무슬림에게 있어 종교의 본질은 신의 현존을 끊임없이 인식하려는 인간의 노력이다. 대다수 경건한 무슬림이 도달하고자 애쓰는 경지가 바로 그것이다.

샤하다의 두 번째 부분인 선지자 무함마드가 하나님의 사도라는 선언은, 신이 추상적인 의미에서만 존재하는 것이 아니라 계시를 통해 우리가 실제로 알 수 있다는 뜻이다. 계시, 다시 말해 신이 인간 선지자라는 매개체를 통해 인간 사회에 자신을 선언함으로써 비로소 종교가 인간 사회에 역사적으로 존재하게 된 것이다. 무슬림에게 있어 『꾸란』은 신의 직접적인 말씀인 동시에, 서기 610년부터 633년까지 선지자에게 내려진 특정한 계시를 기록한 불후의 문헌이다. 그러나 『꾸란』이 계시의 유일한 예도 아니고 선지자 무함마드가 이슬람이 인정하는 유일한 선지자인 것도 아니다. 『꾸란』에서는 구체적으로 스물다섯 명의 선지자 이름을 거론하고 있는데, 그중에는 아브라함(『꾸란』에서는 이브라힘), 모세(무사), 예수(이사) 등 성경에서 친숙한 이름들이 많이 등장한다. 이슬람에서는 기독교도와 유대교도를 '성서의 백성들'이라고 보며, 신약과 구약 모두를 (비록 변질되기는 했지만) 계시된 문서로 인정한다. 하지만 『꾸란』에서는 이름 없는 신의 사도들도 많이 있었다고 언급하면서, 신은 모든 민족에게 한 명 이상의 선지자를 보냈다고 적고 있다. 그러므로 무슬림은 모든 선지자들을 예외 없이 존경해야 한다는 것이다.

  선지자들은 우리가 어떻게 살아갈 것인가에 대한 구체적인 가르침을 신에게서 받은 이들이다. 개념상 선지자가 존재한다는 것은, 신에 대한 지식이 인간 본성에 내재되어 있을 뿐만 아니라 인간 역사의 근본이라는 의미다. 이슬람에서 최초의 선지자는 최초의 인간인 아담이다. 나아가 모든 선지자는 신의 인식과 수용이라는 이슬람의 공통된 기본 메시지를 전달하였다. 물론 계시의 구체적인 세부 사항, 삶의 규칙과 교훈은 서로 다를 수 있으며 인간 사회는 신이 인도한 메시지를 왜곡하거나 그로부터 일탈할 수도 있다. 그러나 이슬람의 핵심에서 보면, 신을 의식하면서 선하게 산다는 도덕적 목표는 종교를 막론하고 모든 사람에게 다 똑같다. 선지자 무함마드가 특별히 두드러지는 점은 그가 마지막 선지자로서 '선지자들의 봉인'이며, 그가 받은 계시가 신이 모든 인류에게 전하는 완성되고 영원한 형태의 메시지라는 점이다.

따라서 이슬람 신앙의 기본 조항은 다음 세 가지다.

- 신의 유일성을 믿는다.
- 무함마드가 신의 선지자라는 사실과 무함마드가 받은 가르침의 계시를 믿는다.
- 죽음 이후의 삶과 심판의 날에 해명할 책임을 믿는다.

이슬람의 다섯 기둥

'샤하다'는 이슬람의 첫 번째 '기둥'이다. 모든 무슬림 사회에서는 날마다 예배 시간을 알릴 때 다음과 같은 샤하다 문구를 낭송(이렇게 예배 시간을 알리는 소리를 '아잔azan'이라고 한다.)하며 신자들을 사원으로 불러들인다.

하나님은 위대하시다.
나는 하나님 외에 다른 신이 없음을 증언하나이다.

NO-NONSENSE

나는 왜 무슬림인가

마르와 엘-나가(Marwa El-Naggar, 20대 이집트 여성)

"당신은 왜 무슬림인가?" 하는 물음은 내가 받아 본 질문 가운데 가장 이상한 질문이다. 이 질문이 이상한 이유는 내가 무슬림인 까닭을 한 번도 생각해 본 적이 없기 때문이다. 나는 그냥 자연스럽게 무슬림이 되었고 다르게 산다는 생각은 한 번도 떠오르지 않았다. 내가 무슬림인 이유는, 창조주의 존재야말로 우주와 우리 자신의 모든 궁금증에 대한 유일한 논리적인 설명이기 때문이다. 내가 쉬는 숨 하나하나가 창조주의 은총이다. 신을 부정하는 것은 나 자신과 나의 삶을 송두리째 부정하는 것이다. 나는 어디에서나 신의 기적을 목도하기 때문에, 그분을 사랑하고 경배하고 따를 수밖에 없다. 나는 『꾸란』과 선지자의 언행록에 게시된 신의 명령을 통해, 앞으로 어떻게 살아갈 것인지를 명확히 알 수 있다. 신의 위대한 설계의 일부분이 되어 평화와 행복을 누리든지, 아니면 창조주의 인도를 거부함으로써 악몽에 들든지 선택은 나의 자유다. 나는 논리적이고 분별을 갖추기로 했기 때문에 무슬림이다. 이슬람의 논리를 깨닫고 분별을 갖추었기에 나는 신이 선물하신 영원 속에서 안식을 취할 수 있는 것이다.

나는 무함마드가 하나님의 사자임을 증언하나이다.

예배 보러 올지어다.

성공을 빌러 올지어다.

하나님은 위대하시다.

하나님 외에 신이 없도다.

예배(살라트salat)는 이슬람의 두 번째 기둥이다. 무슬림은 하루에 다섯 번(가능하다면 모여서) 예배할 의무가 있다. 하지만 예배는 본질상 개인적인 행위이며, 일상생활에서 신을 의식하기 위한 방법이다. 금요일 정오 예배는 합동으로 드리는 것이 의무이므로, 동네의 전체 주민이 한데 모여 예배하고 사회적 교류를 나눈다. 매일의 예배를 소홀히 한 사람들은 금요 예배에 참석하려 특별히 더 노력해야 한다. 예배를 드릴 때는 선지자 무함마드가 정립한 의례적 운율에 맞추어 『꾸란』 구절을 낭송한다. 합동 예배에 참석한 신자들은 메카 쪽을 보고 일렬로 서서 '이맘'의 인도에 따른다.

• 이맘Iman—아랍어로 '지도자', '모범'이라는 뜻으로, 종교 공동체의 지도자 혹은 집단 예배를 인도하는 사람을 가리킨다. 시아파 등 소수 종파에서는 특별히 성인의 반열에 오른 사람을 '이맘'이라 부르기도 한다. 좀 더 자세한 설명은 93쪽~95쪽 참조. 옮긴이

이슬람의 세 번째 기둥은 라마단 성월의 단식이다. 단식은 영적·신체적 훈련으로, 자신을 통제하고 배고픔의 시련과 고난을 음미하는 법을 가르치는 것이다. 무슬림 달력의 아홉 번째 달인 라마단은 선지자 무함마드가 첫 번째 계시를 받은, 축복받은 달

이다. 라마단 기간에 무슬림은 사랑, 평화, 조화, 선의를 전파하려 특별히 더 노력할 의무가 있다. 이슬람력이 윤달이 없는 음력에 기초하고 있기 때문에 라마단에 해당하는 양력의 달과 계절은 매번 달라지는데, 시작하는 날짜가 해마다 열하루가량씩 앞당겨진다. 라마단 기간에는 매일 저녁 『꾸란』 전체를 낭독하는 특별 예배(따라위tarawith)를 자발적으로 바치기도 한다. 이 기도를 드릴 때의 이맘은 '하피즈', 즉 『꾸란』을 처음부터 끝까지 외우고 있는 사람이어야 한다. 매일의 단식은 동 트기 직전부터 시작해서 일몰과 함께 끝난다. 단식하는 기간에는 먹고 마시는 일은 물론, 흡연과 성행위도 금지한다. 병자나 어린아이, 노인, 여행 중인 사람, 월경 중이거나 임신 중인 여성은 단식에서 면제된다. 라마단 성월이 끝난 다음날은 '이둘-피트르(Eid al-Fitr, 파제절罷祭節)'라고 하는데, 공동체 모두가 한데 모여 단식이 끝난 것을 축하하는 대규모 감사 예배를 드리고 며칠 동안 축제를 벌인다.

 라마단은 일상생활에 뚜렷한 변화를 가져왔고, 일부 나라에서는 그 영향으로 새로운 생활 방식을 도입하기도 하였다. 일례로 사우디아라비아와 아라비아 반도의 대부분 지역에서는 사람들이 낮 시간 절반 이상을 자고 밤 시간에 일하는 경향이 있다. 오전 11시부터 오후 5시까지는 상점들도 문을 닫고 길거리는 한산하며, 해가 진 이후에야 비로소 활기를 띤다. 라마단 기간에는 사람들이 적게 먹어야 하기 때문에, 단식을 풀면 그 기념으로 평소보다 많이 먹게 된다.

 이슬람의 네 번째 기둥은 흔히 '구빈세', '종교세'라고 하는

NO-NONSENSE

이슬람력

달	축제
무하람 Muharram	시아파 무슬림들이 이맘 후세인의 순교를 기념하는 달이다. 제10일은 아슈라로, 자발적 단식일이다.
사파르 safar	
라비 알-아왈 Rabi al-Awal	제12일이 선지자 무함마드의 탄생일 Eid Milad un-Nabi이다.
라비 알-사니 Rabi al-Thani	
주마다 알-울라 Jumada al-Ula	
주마다 알-사니 Jamada al-Thani	
라잡 Rajab	이슬람력 7월.
샤으반 Shaban	
라마단 Ramadan	의무적으로 단식하는 달. 제27일은 '권능의 밤'으로서 선지자 무함마드가 최초로 계시를 받은 사건을 기념하는 날이다.
샤으왈 Shawwal	제1일이 라마단 단식이 끝났음을 기념하는 '이둘-피트르'이다.
두 알-카다 Dhu al-Qadah	
둘 힛자 Dhul Hijjah	성지순례인 핫지의 달. 그중에서도 제9일부터 12일까지가 순례의 절정 기간이다. 그중 제9일은 아라파트의 날이고, 제10일은 이드 알-아드하 Eid al-Adha로서, 순례객들과 더불어 전 세계의 무슬림이 짐승을 도살하여 바치고 이웃과 어려운 사람들에게 나누어 주면서 이슬람의 윤리적·인도주의적 이상을 기념하는 날이다.

'자카트'다. '자카트'라는 말은 정화淨化라는 뜻이다. 수입의 일정 비율을 빈곤한 사람들과 공공복지를 위해 희사함으로써 자신의 수입을 정화하는 것은 모든 무슬림의 종교적 의무다. 일반적으로 자카트는 해마다 전통적으로 라마단이 끝날 때 연 수입 즉 '취득한 재산'의 2.5퍼센트를 내도록 되어 있다. '취득한 재산'에는 순익을 거둔 거의 모든 재화가 포함되지만, 빚, 채무, 생활에 꼭 필요한 (보석류를 뺀) 가재도구, 토지, 건물, 생산에 소요되는 자본재 등은 제외된다. 자카트에서는 그 누구도 예외일 수 없다. 심지어 죽은 사람도 유산을 상속하기 이전에 자산에서 자카트를 공제해야 한다.

자카트는 공동체나 국가를 대신하여 사회 혹은 복지 조직에서 걷을 수도 있다. 그러나 이는 반드시 빈민·부랑자·파산자 부조, 교육 및 의료 보조, 공동체 전체의 복지에 이바지하는 공공사업 등 특정한 목적에 한해서 써야 한다. 오늘날 파키스탄, 말레이시아, 이란 등 여러 무슬림 국가에는 자카트를 걷고 분배하는 국가 기관이 존재한다. 또 지난 20년간 영국과 미국에서도 자카트 기금을 걷어서 난민, 전쟁 및 자연재해로 피해를 입은 사람들에게 분배하기 위한 비정부 조직('이슬람 구호회Islamic Relief', '무슬림 에이드Muslim Aid', '무슬림의 손길Muslim Hands' 등의 이름을 단)이 많이 생겨났다.

이슬람의 다섯 번째이자 마지막 기둥은 핫지hajj, 즉 메카에 순례하는 것이다. 신체적, 경제적으로 그만한 여행을 감당할 여력이 되는 사람은 평생에 최소한 한 번은 핫지를 수행할 의무가 있다. 핫지는 신에 대한 경건함과 신앙심의 발로로 자기 재생을 위해 떠나는 여행이며, 무슬림의 일생에서 가장 큰 영적 경험이다. 핫지는 라마단을 지내고 두 달 후에 거행한다. 그리고 라마단과 마찬가지로, 이 시기도 태양력으로 환산하면 30년을 주기로 하여 사계절을 두루 거치며 조금씩 순환한다. 핫지 기간은 달의 9일, 10일, 11일, 12일에 해당하고, 예배와 동일하게 선지자 무함마드가 확립한 패턴을 따른다.

'핫지'라는 말은 '수고, 노력'을 의미하며, 말 그대로 대단한 육체적·정신적 수고가 따른다. 해마다 2백만 명이 넘게 모여 드는 순례객들은 엄청난 무리를 지어 함께 이동하면서 지정된 시간에 정해진 의례를 수행해야 한다. 의식은 먼저 일상 의복을 버리고 '이흐람ihram' 상태에 들어가는 것으로 시작한다. 남자의 경우 이흐람은 바느질하지 않은 단순한 흰 옷 두 벌(주로 큰 타월 두 개)이고, 여자들은 희고 무늬 없고 길고 헐렁한 드레스를 걸치고 머릿수건을 맨다. 일단 '이흐람'을 입으면 순례객들은 엄격한 행동 규범을 따라야 한다. 부정직하거나 거만한 행동은 금물이고, 공격성을 드러내거나 욕설을 하거나, 다른 사람에게 화를 내며 소리 질러서도 안 된다. 또 자연을 존중하여 곤충 한 마리도 다치게 해서는 안 된다. 머리카락이나 손톱을 잘라서도 안 되고 금욕을 지켜야 하며, 심지어 향기로운 비누를 쓰는 것조차 허락되지 않는다. 사실상 모든 육체적 쾌락을 포기하는 것이다.

이흐람을 입은 순례객들은 그 즉시 메카의 하람 사원에 있는 카바로 향한다. 카바는 돌을 모신 성소를 검은 천으로 덮은 것이다. 무슬림에게 이곳은 이슬람의 중심점이며, 삶의 목표 및 방향성의 일치를 상징한다. 순례객들은 카바 주위를 일곱 번 도는데, 이 의례를 '따와프tawaf'라고 부른다. 그런 다음 사파와 마르와라는 두 작은 언덕 사이를 뛰어서 왕복하는 '사이sai' 의례를 행한다. 이 의례는 선지자 아브라함의 아내인 하갈이 처절하게 물을 찾아 헤맨 일을 기념하기 위한 것이다. 갓난 아들인 이스마엘과 단 둘이 카바 근처의 뜨겁고 황량한 땅에 버려진 하갈은, 갈증에 허덕이다 못해 물을 찾아서 두 언덕 사이를 일곱 차례나 오르락내리락 했다고 한다. 그러자 '잠잠 샘물'이 용솟음쳐 나왔다는 이야기다. 순례객들은 이 이야기를 재연한 다음 잠잠 샘물의 물을 마시는 것으로 의례를 마무리한다. 오늘날 '사이' 의례를 행하는 장소는 화려한 구조물이 세워져 있고 그 안에는 에어컨이 가동된다. '사이'와 잠잠은 둘 다 하람 사원 안에 위치해 있다. 이 의례는 영혼이 절실히 의미를 찾아 헤매고 거기에 진정한 생명을 부여하는 과정을 상징한다.

연중 아무 때나 할 수 있는 '소순례(움므라umra)' 때도 '따와프'와 '사이' 의례를 행하지만, 핫지 때는 이것 말고도 다른 의례가 더 추가된다. 순례객들은 둘 힛자 달의 제8일에 미나Mina 근방으로 가서 하룻밤을 보내고, 주요 의례가 시작되는 9일에 전부 함께 아라파트 평원으로 내려간다. 이곳에서 약 2백만 명의 회중 전체가 일치되어 정오 예배를 드린다. 합동 예배가 끝난 후 그들은 타는 듯한 태양 아래 모여 서서 각자 용서를 구하는 기도를 드린다. 이 집단 예배와 서서 바치는 기도야말로 핫지의 정수다. 바로 이 자리에서 순례자들은 서로 비할 바 없는 형제애와 자매애를 느끼게 된다. 그것은 압도적인 경험인 동시에 '지금이 나와 나의 하나님만이 존재하는, 내 인생에서 가장 고귀한 순간' 임을 느끼는, 극히 개인적인 경험이기도 하다.

아라파트의 날이 끝나면 순례객들은 무즈달리파로 모여든다. 이곳은 아라파트와 미나 사이에 바짝 마른 언덕으로 둘러싸여 있는 평원인데, 이곳에서 밤하늘을 올려다보며 잠을 청한다. 다음 날 미나로 되돌아와 3일간 머물면서 그 동안 투석投石 의례를 행하는데, 이는 악마를 상징하는 세 개의 돌기둥을 향해 자갈돌을 던지는 의식이다. 전승에 따르면 이 지점에서 악마가 선지자 아브라함과 그의 가족을 유혹하려 했다고 한다. 순례자들은 이 사건을 기억하면서 자기 안의 악마를 떨쳐 낼 것을 다짐한다. 마지막으로 순례객들은 이흐람을 벗고 목욕을 한 뒤 짐승을 제물로 바쳐 가난한 이들에게 자선을 베풀고(간단히 돈을 내어 자선하기도 한다.) 기념 의례를 행하면서 핫지를 마무리한다. 제10일인 이드 알 아드하Eid al-Adha의 날에는 전 세계 각지의 무슬림들도 함께 희생제를 지내면서 핫지에 동참한다.

아주 최근까지만 해도 핫지를 거행하는 곳의 주변 환경(메카와 미나, 무즈달리파, 아라파트 주변 지역)은 선지자 무함마드의 시대와 크게 달라지지 않은 모습을 간직하고 있었다. 그런데 1970년대부터 이 근방 전체가 강도 높게 재개발되면서 사실상 모든 역사·문화 유적이 파괴되었다. 역사 기록에 의하면 가팔랐던 언덕도 이제는 평평해졌다. 오늘날의 메카 시는 무슬림 전통의 성스러운 중심지임에도, 이슬람 역사와 아무 관련이 없는 곳, 이를테면 미국의 휴스턴처럼 변해 버렸다.

전승

핫지는 전승Tradition을 강조하는 이슬람의 좋은 예다. 핫지를 통해서 신자들은, 유일신 신앙을 확립했으며 이슬람의 시조가 된 선지자 아브라함의 이야기를 상기하게 된다. 다른 종교들도 그렇지만 이슬람도 애초의 이상을 계속해서 고스란히 간직하려고 노력한다. 전승은 이슬람이라는 나무가 자라고 꽃피울 수 있도록 영양분을 주는 토양이다. 페르시아 속담을 빌리자면, "나무의 뿌리가 물에 닿아 있는 한 아직 희망은 있다." 무슬림에게 전통은 물과 같아서 신자들을 떠받치고 다시 원기를 회복하게 해 준다. 그래서 경건한 무슬림은 어디에 있든지 이슬람의 전통 안에서 살고자 애쓴다.

이슬람 전승은 선지자 무함마드의 실천이 무슬림 공동체에 규범으로 받아들여지는 과정에서 형성되었다. 선지자 무함마드의 언행은 말과 글로 기록되어 '전승'으로 전해지게 되었는데, 이는 선지자가 죽은 이후 이슬람 신학의 주요 연구 분야가 되었다. 학자들은 이 기록을 면밀히 검토하고 비판하여 정본으로 인정하거나 혹은 제외하였다. 그렇게 해서 받아들인 기록은 이슬람의 가치를 형성하는 기반이 되었는데, 이를 일컬어 '순나sunnah'라고 한다. '순나'란 말 그대로 선지자의 모범이라는 뜻이다. 그리고 선지자의 어록은 '하디스hadith'라고 한다. '순나'와 '하디스'가 합쳐서 '전승'을 구성한다. 무슬림 공동체에서 이 전승은 법이나 학문에서부터 일상 대화에 양념을 치는 격언, 우화, 설교 등에 이르기까지 다양한 방식으로 활용된다.

전승에는 무슬림의 의식 속에 살아 있는 선지자의 모범과 개성이 보존되어 있다. 무슬림들은 선지자가 그의 제자들과 주고받은 문답을 통해 현실의 인간에 대한 원숙한 분별력을 얻는다. '하디스'를 읽은 무슬림들에게 친숙한 선지자의 모습은 심오한 영성과 더불어 동료 인간에 대한 무한한 동정심과 관심을 품은 겸손한 인간상이다. 그리고 온화한 유머 감각을 지니고 동료 시민들의 약점과 흠결을 용서하고 동정하고 관대하게 받아들이며, 개별 인간의 존엄성을 존중하고, 그들 삶의 영적 조건만이 아니라 물질적 조건을 개선하기 위해 지극히 헌신하는 사람이다.

'전승'은 이슬람의 법률 원칙을 구현하는 근거가 되었다. 이미 지적한 것처럼 『꾸란』 자체에는 구체적인 법적 명령이 거의 담겨 있지 않다. 그러므로 공동체의 지도자였던 선지자가 문제를 해결한 방식은, 애초부터 『꾸란』과 더불어, 이슬람 법인 '샤리아'를 발전시키는 근거가 되었다. 선지자의 뒤를 이은 무슬림 공동체의 지도자들은, 정치와 기득권과 견해 차이가 서로 부딪치는 와중에서 정책을 결정해야 할 때 전승에 밝은 이들의 의견을 구하여 도움을 얻었다. '샤리아'란 말 그대로 풀면 '샘물이 있는 곳으로 이어지는 길 또는 수단'이라는 뜻이다. 종교적인 의미로는 '선한 삶으로 통하는 큰 길'이라는 뜻이 되는데, 다시 말해 신도들의 삶을 바른 길로 형성하고 이끌기 위해 종교적 가치를 구체적인 용어로 표현한 것이다. 그러므로 샤리아는 신에게로 통하는 길일 뿐만 아니라, 『꾸란』과 선지자의 전승을 통해 신이 우리에게 보여 준 길이기도 하다. 종합해서 샤리아는 가족 관계, 범죄와 처벌, 상속, 무역과 상업, 공동생활의 조직과 운영, 공동체 및 국가 간의 관계 등을 규정하는 법적 틀을 제시한다.

『꾸란』과 선지자의 전승이 이슬람 법의 유일한 근거는 아니다. 오랫동안 축적된 무슬림 공동체의 관습과 실천 또한 샤리아를 구성하는 일부분을 이룬다. 그리고 고전 법률가들의 법적 합의(이즈마ijma) 또한 샤리아 법의 효력을 획득하면서 이후 공동체에 구속력을 지니게 되었다. 애초의 샤리아와 '피끄흐fiqh'라고 하는 이 거대한 전통 법체계는 서서히 서로 구별할 수 없을 정도로 섞여 들어갔다. '피끄흐'는 주로 『꾸란』과 전승의 메시지를 이해하고 해석하려는 인간 노력의 산물로서, '이즈티하드ijtihad', 즉 율법과 교리에 대한 체계적이고 독창적인 해석이라는 개념적 기반 위에서 발전하였다. 그런데 14세기에 종교 학자들은 '이즈티하드의 문'을 닫아 걸었고, 이로써 샤리아와 피끄흐는 초기 무슬림 공동체의 전통 안에 갇히고 만다. 그래서 현대의 이슬람은 고전 시대의 관습과 전통을 그대로 모방하려고 노력하고 있다. 오늘날 이 체계가 어떻게 작동하는지에 대해서는 8장에서 설명할 것이다.

하지만 '피끄흐'는 단일한 전통 법체계가 아니다. 다섯 개의 법학파(마드하브madhab)를 이끈 고전 법학자들 사이에는 처음부터 큰 견해 차이가 존재했다. 이맘 말리크Imam Malik, 이맘 샤피

Imam Shafi'i, 이맘 아부 하나피Imam Abu Hanafi, 이맘 아흐마드 이븐 한발리Imam Ahmad ibn Hanbali, 이맘 자파르 알-사디크Imam Jafar al-Sadiq 등 당대의 가장 저명한 다섯 법학자들의 이름을 따 다섯 법학파의 이름이 정해졌다.

메디나에 근거를 둔 말리키 학파는 가장 오래되고 아랍 전통에 가장 깊이 뿌리 내린 학파로서, 현재 아프리카의 대다수 무슬림 국가에서 우세하다. 하지만 고전 시대의 가장 크고 중요한 학파는 압바스 조 칼리프의 수도인 바그다드에서 발전한 샤피 학파다. 이 학파는 엄격한 말리크 전통보다 세련되었으며, 자유의지와 이즈마ijma, 즉 공동체의 합의를 좀 더 중시한다. 그보다 더 이성주의적인 하나피 학파는 말리키 학파의 협소한 전통주의에 반기를 들면서 발전하였다. 이맘 하나피는 하디스보다 법적 추론과 판례에 의지하여 그의 사상을 발전시켰으며, 재판 절차와 증언 규칙을 체계화하고 극단적인 형벌을 내리지 않도록 주의를 주었다. 이집트, 터키, 동남아시아 상당수 국가에서는 하나피 학파를 따르고 있다. 한발리는 모든 법학파 중에서 확실히 가장 엄격하다. 이맘 한발리는 이즈마나 법적 추론의 활용을 거부하고 샤리아가 오로지 『꾸란』의 문자적 해석에만 근거해야 한다고 주장했다. 사우디아라비아가 유일하게 한발리 교의를 국교로 삼은 국가다. 이란과 이라크에서 우세한 자파리 학파는 주로 시아파 무슬림들이 많이 따른다. 이맘 자파르는 선지자 무함마드의 직계 자손들만이 샤리아를 해석할 권리를 가지고 있다고 믿었다.

'피끄흐'는 주로 세속의 삶에 중점을 두고 있다. 하지만 고전

시대에는 『꾸란』과 선지자 전승의 신비적 내용에 중점을 둔 완전히 다른 전통도 더불어 발전하였다. 이런 이슬람의 신비주의적 전통을 '수피즘sufism'이라고 하는데, 이는 '타리카tariqah' 즉 신과의 합일에 이르는 길이라는 개념에 근거를 두고 있다. '수피Sufi'란 아랍어로 양털이라는 뜻의 '수프suf'에서 나온 말이다. 이는 화려한 의복과 집을 멀리하고 단순하고 가난한 금욕적 삶을 추구한 초기 이슬람 신비주의자들이 염색하지 않은 양털 옷을 입었던 데서 유래했다. 무슬림 사회에서는 수피즘을 가리켜 '타사우프tasawwuf'라고도 하는데 이 또한 비슷한 의미로 '양털 옷을 입는 관습' 즉 자신을 신비주의적 삶에 바치는 행위를 가리킨다. 위대한 여성 성인인 라비아 바스리Rabia Basri는 최초의 수피 중 한 명으로 '공평무사한 신의 사랑'이라는 교리를 발전시켰는데, 이는 그녀의 삶의 기본 모티프이자 수피즘의 중심 교의가 되었다.

일반적으로 수피들은 인간 육체의 기호와 욕망을 극복하고 신과의 합일을 위해 마음을 정화하고자 노력한다. 그 최종 목표는 신에게 아주 가까이 가서 인간적 의식을 신의 의식 속에 완전히 흡수시키는 것이다. 이 최종 상태를 '파나fana'라고 하는데, 신의 사랑 속에서 자아가 용해되어 소멸하는 상태를 말한다. 이슬람 역사에서 이 목표에 도달하여 가장 존경 받는 수피는 페르시아의 신비가인 알-할라지al-Hallaj인데, 그는 '파나' 상태에서 "나는 진리다."라고 선언하였다고 한다. 수피즘의 또 하나의 교의는 '와흐다트 알-와주드Wahdat al-wajud', 즉 '모든 존재의 통일성unity of all being'인데, 이는 안달루시아의 위대한 수피인 무흐이 알-딘 이븐 아라비Muhyi al-Din ibn Arabi의 이름과 관련이 있다. 그는 "내게로 들어오소서. 오 주여, 당신의 무한한 유일성의 대양 깊숙이 들어오소서."라고 시작하는 기도문을 자주 바쳤다고 한다. 피끄흐와 마찬가지로 수피 신비주의 안에도 다양한 해석과 접근 방식이 존재한다. 경건을 중시하는 신비주의가 있는가 하면 지적이고 철학적인 신비주의도 있다. 수피즘의 권위는 셰이크Sheikh, 즉 제자들의 신비주의적 탐색을 인도하는 '완전한 스승'에게서 나온다. 여러 수피 교단은 저마다 특정한 비밀스런 관습이 있고, 그 기원은 고전 시대의 위대한 수피에게 거슬러 올라가며 그의 이름을 따서 교단 이름을 지었다. 지금의 수피 스승과 과거의 위대한 스승, 궁극적으로 선지자 무함마드는 '실실라silsilah', 즉 전달의 사슬을 통해 스승에서 스승으로 연결된다. 유명한 수피 교단으로는 인도의 수피인 압드 알-까디르 질라니Abd al-Qadir Jilani가 창설한 '카디리야Qadiriyyah' 교단, 압드 알-카디르와 동시대에 살았던 무인 앗-딘 키시티Muin ad-Din Chishiti가 창설한 '키시티' 교단, 북아프리카의 수피 아부-하산 아시-샤드힐리Abu-Hasan ash-Shadhili가 창설한 '샤드힐리야shadhiliyyah' 교단, 페르시아/터키의 위대한 신비주의 시인인 잘랄 알-딘 루미Jalal al-Din Rumi와 관련된 '말루비Maluvi' 교단 등이 있다.

역사를 통틀어 수피즘은 피끄흐에 근거한 정통 이슬람과 은근한 갈등 관계를 오래도록 유지하였다. 때로는 정통파와 수피즘의 갈등이 끓어 넘칠 때도 있었다. 일례로 정통파들은 알-할라지가 신의 중심 속성인 진리를 자기 자신의 것으로 돌리는 발언을 했다고 하여 그를 처형하기도 했다.

세계관

이슬람의 종교와 전통, 문화와 문명은 서로 연결되어 이슬람의 세계관으로 통한다. 이 세계관은 『꾸란』과 예언자 전승에서 제시된 여러 관념 및 개념들로 이루어지며, 그들의 가르침과 모범 속에 깃들어 있다. 역사 속에서 이슬람 문명을 형성하고 그 다양성 가운데서도 일관된 관점을 제시한 것은 바로 이런 종교적 개념 및 그와 관련된 규범과 가치였다. 그리고 이러한 개념의 이해와 해석, 그리고 잠재적, 실제적 의미는 시대에 따라 달라지면서 이슬람 문명에 특유의 색채를 부여해 왔다.

이슬람적 세계관의 근본 개념은 '타우히드Tawhid' 로서, 일반적으로 해석하면 '신의 유일성' 이라는 뜻이다. 이슬람은 하나의 신을 믿을 뿐만 아니라 신의 유일성을, 따라서 그가 지은 피조물의 단일성을 중시한다. 나아가 이를 확장하면 (신 앞에서는 온갖 구분이 무의미해지기 때문에. 옮긴이) 모든 인류가 하나이고 인간과 자연 또한 하나임을 의미하기도 한다. '타우히드' 는 '알라후 아크바르Allahu Akbar', 즉 "신은 위대하시다." 라는 무슬림들의 친숙한 표현 뒤에 숨은 의미이기도 하다. 이는 오직 신만이 영원하고, 신 이외의 모든 것은 한정되고 유한하며 오직 신에게만 속한다는 뜻이다. 이렇게 모든 것을 포괄하는 단일성 속에서 피조물은 신의 위탁물이며, 남성과 여성(피부색과 교리에 상관없이 신의 눈에는 모두가 평등한)은 신의 수탁인이다. 그러므로 인간은 다른 피조물이나 자연환경의 절대적 소유자가 아니다. 사람은 이 위탁물, 즉 '아마나amanah'를 한시적으로 사용하는 자에 불과하며, 따라서 개개인과 각 공동체는 이 위탁물이 어떻게 사용되는지에 대해 책임과 의무가 있다. 청지기 또는 수탁인은 자신에게 맡겨진 자원을 잘 절약하고 길러 내어, 미래의 사용자인 다음 세대에게 가능한 최상의 상태로 전해 주어야 한다. 인간이 신의 대리인, 즉 '칼리파khalifah'라는 개념은 창조의 질서에서 인류가 차지하는 위치를 정립하고 있다. 이 개념에 따르면 인간의 위치는 역사 속의 관계와 시간을 초월한 관계의 두 가지 관점에서 파악할 수 있는데, 시간을 초월해서는 개개인이 내세의 심판을 받기 위해 신에게로 돌아간다고 본다.

'타우히드' 즉 창조주의 유일성은 창조에 의미와 질서를 부여한다. 창조된 질서 속에는 아랍어로 '아야ayah'라고 하는 징표가 숨어 있는데, 인류는 이 징표를 보고 신의 창조를 이해할 수 있다. 그리고 여기에 더하여 일름(ilm, 지식), 아들(adle, 사회의 분배 정의), 이즈티하드(ijtihad, 지적 추론)이라는 이슬람의 세 가지 근본 개념을 통해 인류는 주어진 위탁의 의무를 이행할 수 있다. '칼리파', 즉 수탁인의 생각과 행동은 맹목적인 믿음이 아니라 지식과 지적 노력에 근거하며, 궁극적으로 총체적 정의를 구현하기 위한 것이다.

'일름', 곧 지식은 이슬람에서 기본적인 개념이다. 『꾸란』의 거의 3분의 1이 지식의 미덕을 상찬하는 데 할애되어 있다. 선지자 무함마드는 제자들에게 끊임없이 지식을 강조하였다. 기록에 의하면 그는 "요람에서 무덤까지 지식을 좇으라.", "배움에 좀 더 시간을 쏟는 것은 기도에 좀 더 시간을 쏟는 것보다 낫다.", "무슬림에게 지식은 잃어버린 낙타와 같다. 이와 맞닥뜨리게 되면 놓치지 마라."라고 말했다고 한다. 지식과 배움을 추구하는 것이 남녀를 막론하고 모든 무슬림에게 성스러운 의무로 여겨진 것은 놀라운 일이 아니다. '이즈티하드'는 주로 지적인 추론을 거쳐 종교 지식을 독창적으로 해석하는 것을 의미하는데, 특히 급속히 변화하는 현대의 환경에 맞추어 종교의 의미를 새롭게 이해하는 데 중요한 역할을 한다.

'일름'과 마찬가지로 '아들'도 『꾸란』과 예언자의 어록에 끊임없이 등장하며, 역사를 통틀어 무슬림 담론에서 중요한 주제다. 분배 정의로서 '아들'의 의미는 이슬람의 다섯 기둥 중 하나인 '자카트'에서 가장 분명하게 확인할 수 있다. 자카트의 기능은 빈궁한 사람들에게 지속적으로 기금을 원조해 주는 것이다. 하지만 '아들'과 관련된 개념을 지닌 요소는 자카트뿐만이 아니다. '리바riba'는 구체적으로 이자를 금지하는 것을 의미하지만, 개념적으로 이는 빈궁한 사람들에게 자신의 환경을 개선할 수단과 기회를 제공함으로써 소수의 손에 잉여의 부가 축적되는 것을 막는 강력한 보편 원칙이다. 일례로 '무다라바'는 모든 인간 활동에는 위험이 따른다, 즉 모두가 공히 피할 수 없는 것은 모두가 공평하게 나누어 가져야 한다

● **무다라바**Mudaraba—이슬람 은행이 자본을 제공하고 사업가는 사업 기회와 노동을 제공하는 손익 분배 계약이다. 이익은 사전 합의에 따라 분배되고 손실은 이슬람은행이 부담한다. 옮긴이

NO-NONSENSE

유일신 신앙

이슬람은 스스로를 유대교와 기독교의 연장선상에서 본다. 이 세 유일신 신앙은 동일한 맥락을 공유하고 있다. 기독교 성경은 유대교의 구약에 예수의 가르침을 더한 것이다. 꾸란에는 구약과 신약에 나오는 사건들이 언급되어 있으며 여기에 선지자 무함마드의 발자취가 더해져 있다.

이 세 신앙은 아브라함(이브라힘)이라는 공통의 조상에서 비롯하였다. 예배할 때 카바를 향한다든지, 메카로 순례하는 핫지를 수행하는 등 무슬림 신앙생활의 가장 기본적인 요소들이 선지자 아브라함의 행적을 중심으로 짜여 있다.

『신약 성서』가 『구약 성서』를 토대로 쓰여지긴 했지만, 기독교와 유대교는 예배와 실천적 전통에서 서로 확연히 구분된다. 이슬람도 마찬가지다. 『꾸란』에도 선지자 아담과 그의 아내 (무슬림 전승에 따르면) 하와의 이야기가 나오기는 하지만 그 세부적인 내용과 의미는 다르다. 『꾸란』의 이야기에서는 아담과 이브가 둘 다 유혹을 받고, 똑같이 잘못을 범하며, 뉘우치고 용서받는다. 그래서 무슬림의 관점에 따르면 모든 인간은 남자든 여자든 공히 죄 없는 상태로 시작하며 똑같이 잘못을 저지르고 회개할 역량을 갖추고 있다.

꾸란에는 '마리아'라는 제목의 장이 있는데, 바로 예수(이사)의 어머니인 마리아를 뜻한다. 무슬림은 예수가 동정녀의 몸에서 태어났으며 선지자였고 박해를 받은 것까지는 인정하지만, 십자가에서 죽고 부활한 것은 인정하지 않는다. 그리고 예수 또한 다른 선지자들과 마찬가지로 신이 아닌 인간으로서 공경한다.

모세(무사)와 파라오의 만남 또한 꾸란에 등장한다. 파라오는 지상 권력의 오만, 부패, 폭정을 상징한다. 제국의 쇠퇴와 몰락은 꾸란에 거듭해서 등장하는 테마로, 인간이 신에 대한 인식에서 멀어짐으로써 잘못을 범할 가능성이 있음을 강조하기 위한 것이다.

비록 이야기하고 해석하는 방식은 달라도, 이슬람, 기독교, 유대교는 비슷한 줄거리로 연결되어 있다. 하지만 훨씬 중요하면서도 간과되는 점은, 세 일신교 신앙이 이야기를 설명하고 해석하는 언어는 다르지만 그 이면에서는 공통의 도덕적, 윤리적 가치와 인식을 향하고 있다는 점이다.

는 전제를 기반으로 확립된 손익 분배 방식의 한 예다.

이에 더하여 이슬람의 상속 규칙(이것을 계산하느라 대수학이 발전하게 되었다.)에 따르면, 사람이 죽으면 그의 재산은 그 직계 가족 구성원에게 정해진 비율대로 나눈 다음 나머지를 더 먼 친척들에게 분배해야 한다. 이는 부와 자원이 점점 더 소수의 손에 집중되는 현상을 막기 위한 것이다.

분배 정의

분배 정의는 사회에서 자원의 순환을 안정시키기 위한 수단일 뿐만 아니라, 스스로 자립할 수 있는 수단과 기회를 제공함으로써 인간 존엄성의 확립을 추구한다. 정의를 추구하려면 정의를 열매 맺을 수 있는 지하드나 정당한 투쟁에 참여해야 한다. 지하드는 자기 자신에게서 시작한다. 사실 자기 자신의 인간적인 결점과 약점의 한계를 도덕적으로 초월하는 것이야말로 가장 높은 형태의 지하드다. 수피즘에서는 자신의 자아를 억누르는 개인적인 지하드에 수행의 상당 부분을 할애한다. 그 밖에 부의 정의를 추구하는 경제적 지하드, 지식을 추구하는 지적 지하드가 있다. 지하드의 마지막 단계는 무슬림 공동체 전체가 부당한 통치자에 대항하여 싸우는 무장 투쟁이다. 이 개념이 오늘날의 세

● **지하드Jihad**—말 그대로 하면 '노력', '분투'라는 뜻이다. 신의 길을 따르기 위한 성실한 분투, 정의를 실현하고 억압이나 잘못된 일에 저항하기 위한 개인적, 경제적, 지적, 신체적 노력을 통틀어 일컫는 말이다.

계에서 어떻게 작용하는지에 대해서는 8장에서 설명할 것이다.

'아들'과 '일름'은 '이즈마(ijma, 합의)', '슈라(shura, 협의)', '이스티슬라(istislah, 공익)'를 기반으로 하여 추구해야 한다. 이슬람의 세계관은 철저히 합의를 지향하며, 보편적이고 폭넓은 동의를 기반으로 한 무슬림 공동체의 결속을 추구한다. '슈라'의 개념은 공동체가 신의 수탁인으로서 그 직무를 이행하고 목표를 완수하기 위해 결정을 내리고 스스로를 조직하는 방법에 대한 것이다. '슈라'는 공동체의 모든 구성원이 참여하고 발언할 권리를 지닌 협의 절차인 동시에, 합의를 통해 도달한 결정을 의미하기도 한다. 시민의 참여는 충분한 정보에 근거한 합의와 집단적 결정의 수용으로 결실을 맺어야 한다. '슈라'는 상호 책임을 행동으로 전환시키는 운용 모델을 제시한다.

공동체의 의사 결정의 목표는 '이스티슬라', 즉 공공의 이익이다. 협의와 논쟁을 위해서는 비판하고 질문하며 공직자에게 해명을 요구할 의사 표현의 자유가 분명히 필요하다. 이는 무슬림 공동체의 특징을 정의하고 그 목표를 요약한, "이슬람은 옳은 것을 장려하고 옳지 못한 것을 금한다."라는 친숙한 구절이 실현되기 위한 조건이기도 하다. 옳고 유익한 것, 지식과 정의와 공익과 합의를 촉진하는 것을 '할랄(halal, 장려해야 할 것)'이라고 하며, 반면에 할랄 바깥은 불화, 부정의, 무지, 위험이 도사리는 '하람(haram, 나무라야 할 것)'의 영역이다. 이슬람적 세계관의 모든 개념과 요소는 이 '할랄'과 '하람'이라는 두 축을 기준으로 평가되고 작동한다. 서구 사회에서도 이제는 '할랄 음식'을 흔하게 볼 수 있지만, 이는 단순히 고기 도축 방식만을 가리키는 것이 아니다. 생산과 소비의 전 과정에서 생태적으로 안전하고 환경과 건강에 보탬이 되는 방식으로 식품을 처리하고 판매하며, 각 단계에 고용된 모든 이들에게 정당한 대가를 돌려주는 것을 의미한다.

이슬람에서는 공동체를 일컬어 '움마ummah'라고 하는데, 그중에서도 특히 이슬람 신도들(이슬람의 종교, 전승, 세계관에 충실한 무슬림)이 전 세계적으로 이루고 있는 공동체를 의미한다. 이슬람이 다수인 나라에 살든 그렇지 않은 나라에서 소수 공동체로 살든, 모든 무슬림은 '움마'에 속한 일원이다. 선지자 무함마드는 '움마'를 일러 인간의 몸과 같다고 하였다. 한 부분이 아프면 몸 전체가 고통을 느낀다. "그러나 사람은 날 때부터 우연히 움마에 속하게 되는 것이 아니라, 합리적인 인간으로서 스스로 선택하여 참여하는 것이다. 움마는 태생으로 결속된 공동체가 아니라 후천적 결단에 의해 결속된 공동체로서 한 '사회'다."[1] '움마'는 끊임없이 '이슬라islah'를 추구한다. '이슬라'란 개혁 혹은 바로잡는 것을 의미하며, 개인적으로 혹은 전체 공동체 차원에서 인간 삶의 조건을 향상시키는 실질적이고 지속 가능한 수단을 중단 없이 강구하는 것이다. '이슬라'는 혁명보다는 개혁에 가까운 개념이다. 인간 사회는 물론 저마다의 개개인은 완전해질 수 있는 잠재력을 품고 있지만, 실수를 범하고 완벽함에서 멀어질 가능성도 마찬가지로 품고 있다. 그래서 실제 환경과 정말로 현실에서 필요한 것을 염두에 둔 끊임없는 개혁이 필요한 것이다. 개혁을 바로 세우려면 개인과 사회가 이슬람의 가치와 도덕적, 윤리적 인식에 가까이 다가갈 수 있도록 부단한 개선이 요구된다.

  이 모든 개념은 통일성을 이루는 일부분으로서 서로 연관되어 있으며, 총체적 이해에 근거하여 생각하고 행동할 것을 강조한다. 하나의 개념이 다른 모든 개념의 이해에 영향을 끼치므로 우리는 균형과 절제를 추구해야 한다. 유일성 혹은 단일성을 뜻하는 '타우히드'의 개념에 따르면, 특정한 요소나 구절만을 따로 떼어 내어 다룰 수는 없다. 무슬림이 이슬람을 '중용의 길'로 이해하는 것도 이러한 의미에서이다.

  이슬람의 종교, 전승, 세계관은 합해서 '딘'을 이룬다. 이슬람이 스스로를 일컫는 단어이기도 한 '딘'이라는 말은 사회의 일원인 개인의 총체적 생활 방식이라고 할 수 있으며, 개인들이 모여서 이루어진 사회의 생활 방식을 가리키기도 한다. 여기에는 또 종교, 전승, 세계관이 모든 사회의 존재하고 행동하는 방식을 형성하며, 개인과 사회의 문명 의식의 밑바탕을 이룬다는 개념이 깔려 있다. 이슬람에 따르면, 가장 보편적인 의미에서 모든 사회는 무슬림이든 아니든 그 사회의 특수한 생활 방식과 태도가 비롯하는 문명적 핵심 원리인 '딘'을 지니고 있다. 종교이자 세계관으로서의 이슬람은 곧 인간 존재의 본질과 조직에 대한 이해다. '딘'이라는 개념은, 존재하는 모든 것은 기본적인 통일성을 공유하고 공통된 신성을 나누어 가지고 있으며 모든 것이 서로 연결되어 있음을 강조한다. 이슬람의 시각으로 보면 이 세계에서 그 어떤 것도 완전히 세속적일 수는 없다.

NO-NONSENSE

세계의 주요 종교

이슬람은 세계에서 가장 빠른 속도로 성장하는 종교다. 무슬림은 세계 인구의 5분의 1을 차지하며, 그중 대다수가 25세 미만이다. (세계 전체 인구 61억 명)

주요 종교

기독교 20억 명
이슬람 13억 명
힌두교 9억 명
불교 3억 6천만 명

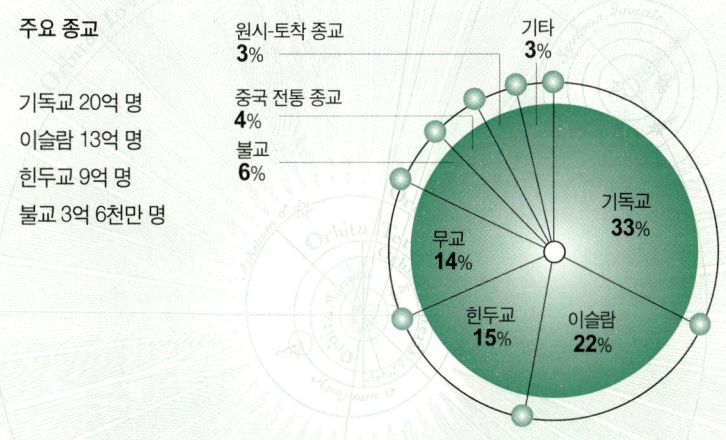

▶ 무슬림의 약 85퍼센트는 다수파인 순니파에 속한다. 소수파인 시아파는 주로 이란과 이라크에 몰려 있다.
▶ 전체 무슬림 중에서 아랍인이 차지하는 비율은 20퍼센트에 불과하다. 세계 무슬림의 거의 반수는 남아시아와 동남아시아에 살고 있다.

▶ 출처―Statistic, Economic and Social Research and Training Center for Islamic Countries (SESRTCIC), Ankara, Turkey; *National Geographic*, January 2002.

3 정통 칼리프

초대 칼리프 아부 바크르

2대 칼리프 우마르

3대 칼리프 오스만

4대 칼리프 알리

케르발라의 비극

시아파의 독립

ISLAM

선지자 무함마드 이후 이슬람의 통치권은 어떤 식으로 계승되었을까?
'정통 칼리프'의 행동이 이슬람 전체 세계에 강력한 정통성을 지닐 수 있었던 힘은 어디에서 비롯되는가?
이슬람 세계의 분열은 어떻게 시작되었나?

NO-NONSENSE
03

정통 칼리프

무함마드 이후, 선지자로서 그의 권위를 물려받은 사람은 없었다. 하지만 그와 가장 가까웠던 네 명의 동료가 무슬림 공동체의 통솔권을 차례로 이어받아 '알-쿨라파 아르 라시둔al-Khulafa ar rashidun', 즉 '정통 칼리프'로 알려지게 되었다. '정통'이라는 말은 그들의 행동이 선지자의 모범과 가장 가깝다고 모든 무슬림이 인정했다는 뜻이다. 선지자 이후에는 정통 칼리프들의 언행이 무슬림 행동의 가장 권위 있는 근거가 되었다.

서기 632년 선지자 무함마드가 세상을 떠나자 누가 무슬림 공동체를 이끌 것인가 하는 문제가 시급한 토론과 논쟁의 대상이 되었다. 사람들은 평소처럼 메디나에 있는 선지자의 사원에 모였다. 여러 유력 인사들이 선지자 무함마드의 가장 가까운 친구이자 동료인 아부 바크르Abu Bakr에게 공동체의 정치적 통솔을 부탁하자고 제안하였다. 그리하여 아부 바크르가 만장일치로 선출되면서 문제가 해결되었다.

초대 칼리프 아부 바크르

아부 바크르가 이슬람의 초대 칼리프로 선출되었을 때 했던 연설은 그날 이후로 무슬림의 의식 속에 하나의 이상으로 메아리치고 있다. "오, 사람들이여. 나는 여러분 그 누구보다도 하등 나을 것이 없음에도 여러분의 지도자로 선택되었습니다. 내가 옳을 때 나에게 협조하십시오. 그러나 내가 실수를 저지를 때는 나를 바로잡아 주십시오. (…) 내가 여러분 중 약한 자를 마땅히 대우하지 않는다면, 여러분 중 약한 자도 내 눈에는 강합니다. 내가 여러분 중 강한 자의 것을 빼앗아 다른 이를 대우하지 않는다면, 여러분 중 강한 자도 내 눈에는 약합니다. 내가 하나님과 그분 선지자의 율법을 따르는 한 나에게 복종하시오. 그러나 내가 이를 벗어날 때는 나에게 복종하지 않아도 좋습니다."

선지자와 마찬가지로 아부 바크르도 메카의 상인이었다. 그는 칼리프로 선출된 뒤에도 계속해서 시장에 나가 포목을 팔았다. 나중에 아부 바크르의 후계자가 된 우마르는, 국고에서 아부 바크르에게 보조금을 지원해 주어 그가 더 이상 장사 일을 계속하지 않아도 되도록 해 주었다. 겨울 옷 한 벌과 여름 옷 한 벌, 매일의 식량으로 쓸 수 있는 양들도 급료에 포함되었다.

선지자보다 두 살 아래였던 아부 바크르는 칼리프로서 겨우 2년 재위한 뒤 634년에 세상을 떠났다. 그는 선지자 무함마드 개인에게만 충성을 바치겠다고 주장하는 아랍의 여러 집단들을 어르고 다독여야 했다. 그는 신속히 통합을 재천명하고, 친족보다 공통의 종교에 의한 연대를 우선하여 추구하였다. 또 '자카트' 납부를 거부하는 집단들의 경제적 반란도 진압해야 했다. 아부 바크르 통치 시기의 두 번째 성과는 아라비아 외부로 진출한 것이다. 그는 시리아와 팔레스타인으로 원정대를 파견했으며, 그 다음에는 비잔틴 제국의 일부, 이라크, 페르시아 제국의 일부로도 원정대를 보냈다. 634년 비잔틴(동로마 제국) 기독교군은 예루살렘 남서쪽 약 50킬로미터 지점에서 벌어진 아즈나다인 전투에서 패배했고, 남은 군대는 튼튼한 요새에 둘러싸인 도시로 후퇴하였다. 팔레스타인 대부분의 도시는 무슬림 군대에 항복하였다. 페르시아 전선에서는 이라크로 침입하였으며 페르시아 군과의 전투가 진행 중이었다.

634년 병으로 쇠약해진 아부 바크르는 선지자의 교우들 중 원로들에게 조언을 구하여 우마르 이븐 알-카탑Umar ibn al-Khattab을 후계자로 추천하였다. 이에 기꺼이 재가가 이루어져 우마르가 이슬람의 제2대 칼리프가 되었다.

2대 칼리프 우마르

634년부터 644년까지 재위한 우마르는 '아미르 알-무미닌Amir al-Muminin', 즉 '믿는 자들의 사령관'이라는 칭호를 스스로에게 처음으로 부여한 칼리프였다. 이 칭호는 이후의 모든 칼리프들도 따라서 사용하게 된다. 그가 칼리프를 승계하던 당시에 무슬림 군대는 다마스쿠스를 포위 공격 중이었으며, 이 도시는 635년에 항복하였다. 예루살렘은 637년부터 638년까지 항복 직전에 몰렸지만, 시민들은 칼리프가 직접 와야만 항복하겠다고 주장하였다. 메디나에서 우마르가 도착하자 예루살렘 시민들은 이 새로운 통치자가 맨발에 허름한 옷을 걸친 것을 보고 놀랐다. 그는 하인 한 명만을 대동한 채 직접 낙타를 타고 순시를 돌고 온 것이었다. 우마르는 이슬람 통치에 복종하는 사람은 생명과 재산과 신앙을 보호해 주겠다고 선언하였다. 이 조치는 이후에도 전례로 지켜져, 이 새로운 제국에는 이질적인 종교들이 서로 공존하게 된다. 무슬림 군대는 이라크에서도 교전을 벌였다. 페르시아 군과의 전투는 640년 **사산조 페르시아**가 붕괴하면서 막을 내렸으며, 그 영토의 대부분은 무슬림 통치하에 들어가게 된다.

● **사산조 페르시아**—226년에 건국된 이란 국가로서 절대 군주 체제를 확립했고 국교는 조로아스터교였다. 옮긴이

그 다음 해에는 이집트 알렉산드리아 군대의 지원을 받던 시리아와 팔레스타인의 해안 도시들을 접수하였다. 무슬림 군대의 승장인 아미르 이븐 알-아스Amir ibn al-As는 다음으로 이집트를 침공하여 642년에 정복하였다.

영토가 광대해지자 행정 체계가 필요해졌는데, 우마르는 이 체계의 형태와 특징을 상당 부분 확립하였다. 그는 고도로 발달한 회계 체계를 도입하고 인두세와 재산세를 통해 국고 수입을 늘렸다. '카라지kharaj'는 토지의 생산성에 따라서 산출한 세금이며, '지즈야jizya'는 비무슬림에게 부과된 인두세다. 우마르의 시대에 무슬림 군대는 새로 획득한 영토에 땅을 소유할 수 없었으며, 모든 무슬림은 물론 '자카트'를 납부해야 했다. 이렇게 무슬림과 비무슬림을 구분함으로써 이후 비무슬림을 가리키는 '딤미 dhimmi'라는 지위가 확립되었다. '딤미'는 '보호받는 사람들'이라는 뜻의 '아흘 아드 딤마ahl ad dhimmah'에서 나온 말이다. 비무슬림이 2등 시민으로 취급되었는지 여부는 무슬림과 비무슬림 평자들 사이에 상당한 논쟁거리다. 무슬림 학자들은 비무슬림이 군역에서 면제되었으며 '지즈야'는 군역을 이행하는 대신에 내는 세금이라고 주장한다. 여러 딤미 공동체는 처음부터 어느 정도의 자율성을 인정받았으며, 그들의 종교 지도자는 세금을 걷어서 정부에 납부할 책임이 있었다.

● 디완diwan—연금 수령자의 인명부를 말한다. 후대에는 관공서를 의미하는 말로 변하게 되었다. 옮긴이

우마르는 국가 수입의 지출을 표준화하였다. 전리품을 분배하는 전통적 관습 대신에 아랍 무슬림을 '디완'에 등록시켜 노예와 어린이에 이르기까지 비례 연금을 지급했다. 그렇게 해서 그는 모든 시민이 국가의 자원을 나누어 가질 자격이 있음을 분명히 하였다. 그리고 궁핍한 사람들은 무슬림과 비무슬림을 막론하고 국가 재정의 도움을 받을 권리가 있다는 것이 『꾸란』의 명제였다. 우마르는 영토를 여러 지방으로 재편하고 각 지방에 총독을 임명했다. 스스로 소박하고 금욕적으로 생활했던 우마르는 무슬림 군대가 서아시아의 부유하고 웅장한 도시들을 점령하면서 빚어질지도 모를 결과에 대하여 근심하였다.

637년 무슬림 군 사령관들이 페르시아의 수도인 티그리스 강

동안의 크테시폰을 약탈한 사건이 있은 후로(후대인 763년 그 남서쪽 약 30킬로미터 지점에 바드다드가 건설된다.), 그는 병영을 도시 바깥에 짓도록 명하였다. 이 병영이 건설된 지점인 쿠파는 이후에 새로운 도시로 발전하여 아랍어 문법 연구의 유명한 중심지가 되었으며, '쿠피체Kufic' 라는 독특한 기하학적 서체의 명칭이 이 도시에서 유래하기도 하였다. 이처럼 정복지에 새로 도시를 건설하는 것은 하나의 패턴으로 확립되었다. 무슬림 군대가 641년부터 642년에 걸쳐 이집트를 정복했을 때는 푸스타트라는 도시를 건설하여 잠시 이곳을 수도로 삼았다. (그러다 969년에 카이로를 건설하고 973년 이곳으로 수도를 옮기게 된다.) 이처럼 무슬림의 영토 확장은 새로운 도시의 건설과 더불어 진행되었으며, 무슬림 문명은 '메디나(여기서 '메디나' 는 도시를 총칭하여 가리키는 말이다.)' 의 문화, 다시 말해 도시 문화라고 할 수 있다.

644년에 우마르는, 불만을 품은 페르시아 인으로 바스라 총독의 하인이었던 페로즈 아부 룰루아Feroz Abu Lu'Lu'ah에게 살해되었다. 이 하인은 세금에 대해 불만을 토로했지만 받아들여지지 않자, 이에 앙심을 품고 메디나의 사원에서 아침 예배를 드릴 신도들을 불러 모으고 있던 우마르를 칼로 찌른 것이다. 치명적인 부상을 입은 우마르는 자신의 후계자를 뽑기 위해 선지자의 일곱 교우로 구성된 선거 위원회를 지명하였다. 그는 메디나 공동체의 유력 인사는 물론 모든 부족의 수장에게 조언을 구하여 3일 내에 결정을 내릴 것을 위원회에 명하였다. 위원회는 당시 거의 일흔 살이었던 오스만 빈 아판Othman bin Affan을 선출하였다.

3대 칼리프 오스만

오스만은 선지자 무함마드의 겹사위였다. 그는 처음에 루카이야와 결혼했다가, 그녀가 죽은 뒤에 다시 움 쿨툼과 결혼했다. 두 딸 모두 선지자보다 앞서 세상을 떠났다. 오스만이 칼리프로 재위한 12년 동안 무슬림 공동체 내부의 긴장이 표면화되었으며, 이 갈등의 주역들은 시간이 지나면서 무슬림 공동체 내의 서로 다른 학파, 종파, 경향을 대표하게 된다.

영토 확장은 오스만의 재위 시기에 더욱 공고해졌다. 비잔티움은 이집트를 재탈환하려 했지만 격퇴 당했다. 하지만 비잔티움은 막강한 해군력이 있었기 때문에 여전히 위협적이었다. 무슬림 세력은 이에 대응하여 649년에 해군을 창설하였고, 이집트와 시리아의 조선소에서 무슬림 군과 그 지방의 기독교도 선원들이 협력하여 배를 건조하였다. 해군을 창설한 해에 무슬림 군은 사이프러스에 공격을 개시하였다. 653년에 그들은 다시 한 번 사이프러스를 공격하였고 로도스 섬까지 점령하였다. 655년에 비잔틴 해군은 무슬림 해군의 손에 비참한 패배를 당하였다. 이집트를 확보한 무슬림 세력은 북아프리카를 가로질러 더욱 팽창하였다. 그리고 동쪽으로는 650년에 페르시아 제국의 동쪽 변경 지역인 쿠르산(Khursan, 현재의 아프가니스탄)까지 밀고 들어갔다.

오스만의 가장 큰 업적은 『꾸란』의 정식 판본을 편찬하여 652년에 완성한 것이다. 하지만 그는 자기 부족의 일원을 지방 총독 및 행정부 요직에 임명했다는 이유로 비판받았다. 오스만 자신은 소박한 삶을 영위하였지만, 정복 사업으로 거두어들인 막대한 부로 인해 정부에 부패가 발생할 수 있다는 걱정이 커져 갔다. 전리품으로 들어온 재화를 전부 자선기금으로 써야 한다고 주장하는 사람들도 있었다. 오스만 자신이 속한 메카의 귀족 가문인 우마이야 부족 출신 관료들을 등용하는 데 대한 불만도 커져 갔다. 넓은 지역에 분산되어 있는 무슬림 군대는 불만과 폭동의 온상이 되었다. 쿠파, 바스라, 푸스타트에서 반란이 일어났다. 초대 칼리프 아부 바크르의 아들인 무함마드는 이집트에서 반란 집단을 이끌고 와서 메디나에 있는 칼리프의 집을 포위 공격하였다. 그리고 집안으로 침입하여, 앉아서 『꾸란』을 읽고 있던 오스만을 살해하였다.

결국 오스만은 후계자 문제를 미제로 남겨 놓은 채로 사망하였다. 반란 세력은 선지자의 사촌인 알리에게 다음 칼리프가 될 것을 종용하였다. 알리 자신은 다른 경쟁자들에게 기꺼이 충성을 맹세할 준비가 되어 있었지만, 주위의 설득에 못 이겨 이슬람의 4대 칼리프로 즉위하였다.

4대 칼리프 알리

알리 이븐 탈립Ali ibn Talib은 656년에 칼리프로 선출되었다. 그는 선지자의 딸인 파티마와 결혼하였는데, 그녀는 632년 혹은 633년 초에 아버지와 몇 달 간격으로 세상을 떠났다. 그 둘 사이에서 낳은 자녀들이 선지자의 유일한 직계 자손이었다. 알리가 칼리프로 재위한 5년간은 내분으로 점철된 나날이었다. 선지자가 숨을 거두었을 때부터 알리가 그의 후계자가 되어야 한다고 주장하는 이들이 있었다. 우마르를 비롯한 다른 이들은 알리를 옹립하면 자칫 왕조가 확립될 것을 두려워하였다고 전해진다. 오스만이 암살되면서 공포가 확산되었고, 알리가 그 용의자들을 처벌하지 못하자 선지자의 교우들까지도 분열되었다.

알리가 오스만의 암살범을 처벌하지 않는 데 불만을 품은 집단 중 유력한 두 인물이 선지자의 부인인 아이샤의 지원을 얻어 노골적인 반란을 이끌었다. 그들은 이라크의 바스라 부근에서 벌어진 '낙타 전투(Battel of the Camel, 656년)'에서 패배하였다. '낙타 전투'란 아이샤가 탄 낙타 주변에서 가장 치열한 싸움이 벌어졌기 때문에 붙은 이름이다. 아이샤는 생포되어 메디나로 송환되었으며, 그곳에서 정치와 관계를 끊고 선지자의 사원 경내에 머물러 살았다. 그러자 알리는 수도를 쿠파로 옮겼고, 그 뒤로 메디나는 다시는 행정의 중심지로 복귀하지 못했다. 선지자의 동료 교우들과 전투를 벌이기 시작하면서 공동체 내 여러 분파들 사이의 관계는 소원해졌다.

게다가 알리에 도전하는 새로운 경쟁자가 등장했는데, 이번에는 오스만의 친척이자 막강한 시리아 총독인 무아위야Mu'awiya가 그 상대였다. 시리아를 20년간 통치하면서 대규모의 충성스런 군대를 건설하였던 그는 우마이야 부족의 이익을 지키고자 하였다. 두 칼리프 경쟁자는 전투를 질질 끌던 중 657년에 이라크의 시핀에서 만났다. 승리를 눈앞에 둔 상황에서 무아위야의 계략에 넘어간 알리의 부하들은 그에게 『꾸란』법에 근거한 중재를 받아들이라고 설득하였다. 결국 658년에 양편의 군대는 각자 부대로 돌아가고, 이 문제를 협의하기 위해 양측 진영에서 선출한 두 중재자가 만나게 되었다.

이때 무슬림 공동체는 권위와 정당성의 의미, 통치의 본질과 의미, 인간 사회(특히 통치 제도)에 작용하는 신의 의지를 어떻게 이해해야 할지에 대한 질문을 놓고 분열되었다. 이런 쟁점은 공동체의 본질 및 행동에 관한 다른 질문들, 즉 공동체가 도덕적, 윤리적 의무를 다하고 있는가 아닌가, 하나님의 말씀에 어떻게 의지할 것인가, 신을 섬기는 공동체란 무엇을 의미하는가 하는 등의 문제를 제기하였다. 이는 정치적인 질문인 동시에 철학적이고 신학적인 질문이기도 했다.

하지만 이런 질문들은 전혀 해결되지 못했다. 중재자들은 두 칼리프 경쟁자가 모두 물러나고 새로 선거를 치러야 한다는 결론을 내렸다. 이 해결책은 해결책이 아니라 당파 간의 불신을 더욱 조장했을 뿐이었고, 협상은 결렬되었다. 알리의 추종자 중 끝까지 싸우기를 주장한 일부는 이에 반발하여 알리의 진영에서 탈퇴해 나왔는데 이들을 '카리지트'라고 부른다. 그들은 알리가 중재에 동의함으로써 칼리프의 권위를 실추시켰다고 생각했다. 카리지트 파는 급진적인 정치적, 신학적 입장을 발전시켰다. 그들은 무슬림 공동체가 정치적 혹은 기타 중대한 범죄를 저질렀다고 판단

● **카지리트**Kharijites— '이탈자'라는 뜻이다. 아랍어 표기로 '카와리즈Khawarij' 파라고도 한다. 옮긴이

되는 칼리프를 면직하거나 심지어는 죽일 권리가 있다고 주장했다. 나아가 그들은 그렇게 중대한 범죄를 저지른 죄인은 진실한 무슬림으로서의 지위가 의심스럽고 따라서 이단자로 볼 수 있으며 죽어 마땅하다고 제창했다. 그들의 견해에 따르면 무슬림 공동체는 지도자로서 원하는 사람을 선택할 권리가 있으며, 정의의 가르침에 따라 백성들을 다스리는 사람만이 정당한 이맘 혹은 칼리프다. 알리는 이 집단에 대해 신속한 진압에 착수하여 658년, 나흐라완에서 잔인한 학살이 벌어졌다. 무슬림 세계와 제국은 사실상 쪼개지게 되었다. 무아위야는 계속해서 시리아를 독립적으로 지배했고, 660년에 알리에 도전하여 스스로 칼리프임을 선언하였다.

카리지트 파는 끝까지 근절되지 않고 살아남았다. 실제로 그들의 사상은 무슬림 역사 내내 겉모습만 바꾸어 되풀이 등장하였다. 661년, 그들은 공동체에서 가장 유력한 세 지도자인 이집트 총독 아므르Amr, 시리아 총독 무아위야, 그리고 알리를 암살할 계획을 세웠고, 그중에서 알리를 암살하는 데 성공했다. 알리는 661년 초, 아침 예배를 올리러 쿠파의 사원으로 들어가던 길에 살해되었다. 그는 쿠파에서 몇 킬로미터 떨어진 나자프에 묻혔는데, 나중에 이곳은 '시아트 알리Shi'at Ali 파(흔히 '시아Shi'a파'라고 한다.)'를 신봉하는 이들의 주요 순례 성지가 되었다.

알리의 죽음은 무슬림 역사에서 돌연히 발생한 균열이었다. 이 시기를 휩쓴 동요와 혼란은 오늘날까지도 무슬림 공동체를 분열시키고 있는 다양한 사상 흐름 및 종파의 성장을 자극하였다. 네

명의 정통 칼리프는 저마다 다른 방식으로 선대를 계승하였다. 그들은 모든 무슬림이 그 권위를 인정하는 여러 가지 전례를 확립하였지만, 리더십 자체에 대한 질문은 해결하지 못했다. 그리고 이 질문은 급기야 무슬림 공동체를 케르발라의 비극으로 이끌었다. 그것은 이슬람 역사가 형성되는 단계에서 한 씨앗을 잉태한 사건이었다.

케르발라의 비극

이제 무슬림 공동체는 세 집단으로 나누어졌다. 다수파는 정치 지도자를 새로 선출하거나 또는 아부 바크르와 우마르가 수립한 원칙에 따라 지명하기를 바랐다. 소수파는 선지자 가문의 세습 통치를 선호했다. 그리고 그보다 더 소수 분파로서 정치적 야망과 군사력을 갖춘 세력들은 단순히 권력을 찬탈하고자 했다. 이 중에서 승리를 거둔 세력은 정치적 야망이 있는 쪽이었다.

알리가 죽자 그의 추종자들은 알리의 아들인 하산을 정당한 칼리프로 선언하였다. 이미 스스로를 칼리프로 선언한 무아위야는 하산에게, 공동체를 더 큰 분쟁으로 끌고 들어가지 말라고 설득하였다. 이에 하산은 재위를 포기하고 정치에서 은퇴하여 메디나에서 살다가 669년에 숨을 거두었는데, 독살 당했다는 주장도 있다. 그러자 이제 유일한 통치자가 된 무아위야는 제국을 다시금 수립하고 수도를 자신의 권력 기반인 다마스쿠스로 옮겼다. 비잔틴 제국과의 적대 관계와 더불어 내부 알력도 계속 이어졌다. 하지만 가혹한 수단도 불사하여 내전을 진압하고 나자, 다시금 내부적인 문제에 주의를 기울일 수 있게 되었고 약 십 년간 소강상태에 놓였던 제국의 확장 사업도 재개되었다. 무슬림 군은 이집트에서 북아프리카 지역으로 시험적인 공격을 개시하였다. 670년에는 오늘날의 튀니지 지방에 주둔지인 알카이라완을 건설했는데, 이곳은 훗날 도시로 발전하여 교육의 중심지가 되었다. 같은 해에 무슬림 군은 비잔틴의 수도인 콘스탄티노플(현재의 이스탄불)을 최초로 공격했다. 그 뒤 수세기에 걸쳐 공격이 잇따랐으나, 이 도시는 1453년 오스만 제국에 의해 함락될 때까지 무슬림의 수중에 떨어지지 않고 버텼다.

679년, 무아위야는 그의 아들 야지드Yezid를 자신의 뒤를 이을 차기 칼리프로 지명하였고, 이로써 우마이야 왕조가 시작된다. 과거 그토록 오랫동안 선지자 무함마드를 적대했던 아부 수피안의 아들인 무아위야가 왕조 계승을 최초로 실행에 옮긴 것이다. 다음 해 무아위야가 죽자 그의 아들은 다마스쿠스에서 칼리프로 즉위했다. 하지만 야지드의 종잡을 수 없는 성격 탓에 많은 이들이 그가 통치자로 적합한지 의문을 품었고, 다시금 지도력에 대한 온갖 정치적, 영적, 교리적 의문이 제기되었다. 이런 의문은 알리의 지지자들에게만 국한된 것이 아니었으며, 야지드를 대신할 통치자로서 선지자의 손자이며 알리의 아들 중 유일하게 생존해 있던 후세인Hussain에게 이목이 집중되었다.

후세인은 야지드에 대항하여 무기를 들었다. 바그다드 근처의 케르발라에서, 후세인과 그의 추종자 6백여 명은 우마이야의 6천

명 군대에 포위되어 식수조차 차단된 채 묶여 버렸다. 후세인은 6일간의 소득 없는 협상 끝에 적군과 직접 대면하러 말을 타고 나갔다가 살해당했다. 이후 벌어진 학살에서 그의 자식들은 두 명만 살아남고 모조리 죽음을 당했다. 케르발라의 이 충격적인 사건은 시아파가 이슬람 제2의 종파로 확립되는 계기가 되었다.

시아파의 독립

케르발라 사건 이후 시아파 교리는 정교해지고 발전하여 순니파에서 갈라져 나갔다. '순나Sunnah'에서 유래한 '순니Sunni'는 흔히 정통 무슬림으로 번역되는데, 이들은 알리의 암살 이후 칼리프를 선출 혹은 선발하여 뽑을 것을 지지한 다수파다. 그와 반대로 시아파는 '이마마트Imamate'라고 하는 세습적이고 영적인 리더십을 신봉하였다. 그들은 알리가 선지자와 더불어 특별한 영적 직분을 지니고 있으며, 따라서 그에게는 영적 지도력을 승계할 절대적인 권리가 있고 이는 그 아들들에게 상속된다고 생각하였다. 시아파에서 '이맘'이란 특별한 은총, 기적적인 힘, 특별한 지식을 소유하여 탁월한 영적, 정치적 능력을 부여받은 사람이다. 시아파의 사상은 독자적인 학파로 발전했으며 법학은 물론 정교한 철학과 신비주의 전통을 발전시켰다.

시아파에도 여러 하위 종파들이 있는데, 각 하위 종파는 이맘의 수를 몇 명까지 인정하느냐에 따라 구분된다. 예컨대 '자이디스Zaydis' 파는 다섯 명, 아가 칸Aga Khan을 지도자로 삼는 '이스마일Isma'ilis' 파는 일곱 명이다. 그중에서도 열두 이맘을 믿는 시아파는 1501년, 사파비 왕조가 권력을 잡았을 때 이란의 공식 종교가 되었다. 5백 년이 흐른 뒤 이란의 시아파는 가장 조직화되고 발달된 이론 및 관습 체계를 건설하기에 이르렀다. 이란의 시아파는 '무즈타히드mujtahid' 라고 하는 종교학자들에게 해석의 권위를 부여하는 전통을 허용하고 있다. 무즈타히드는 일정한 수준의 지식을 갖춘 이들 가운데 공동체에서 '아야톨라' 로 인정하는 사람들을 말한다. 그 덕분에 이슬람 원리를 현대적 맥락에서 해석하려 이성적으로 노력하는 '이즈티하드' 의 과정이 가능해져 시아파 사상이 유연성을 갖추게 되었다. 아

● 아야톨라ayatollah — '신의 표시' 라는 뜻으로 신과 인간을 중재하는 역할을 하는 시아파의 종교 지도자를 말함. 옮긴이

야톨라는 저마다 제자들을 거느리고 있다. 아야톨라 사이에 해석이나 가르침이 서로 다르더라도, 이런 차이점 때문에 구속받는 것은 그 제자들에게만 국한된다.

전체 무슬림에서 시아파의 비율은 겨우 십 퍼센트 정도이며, 줄곧 무슬림 문명의 소수 분파로 존재해 왔다. 우마이야 왕조와 그 후대인 압바스 왕조의 통치자(선지자 무함마드의 삼촌 중 한 명인 압바스Abbas의 자손)들은 시아파를 잠재적인 위협으로 간주하고 적대적인 눈길로 바라보았다. 하지만 시아파와 순니파가 인정하는 기본적인 원칙과 가르침은 동일하기 때문에, 순니파 무슬림은 시아파를 이슬람의 틀 안에 받아들였다. 순니파는 합의를 이끌어 내고, 일치된 공동체를 유지하며 '비다(bida, 선지자의 모범과 실천에

서 벗어나는 일)'를 피할 것을 중시한다. 순니파에서 '이맘'은 합동 예배를 인도하는 사람을 뜻하므로 주로 사원의 임원을 가리킬 때 쓰인다. 이따금 탁월한 학자 등을 부르는 경칭으로 쓰기도 하는데, '하디스'의 주요 판본을 편집한 인물인 이맘 부카리Imam Bukhari가 그 예다. 제국이나 국민국가 또는 영적 차원의 세습 통치는 논쟁이 뜨거운 주제지만, 순니파 사상가들은 세습을 당연한 원칙으로 받아들이지 않는다.

후세인이 케르발라에서 살해된 사건은 '타이지야Ta'iziyyah'라는 순교극의 형태로 해마다 재연된다. 이슬람력으로 무하람 달의 제10일은 케르발라를 기념하는 날로서 '아슈라Ashura'라고 한다. 원래 선지자 무함마드는 이날을 단식일로 지정한 바 있는데, 시아파 교도들에게 이날은 후세인의 죽음을 애도하고 기념하는 날이다. 신도들은 이맘 후세인이 절박한 상황에 처했을 때 그를 저버린 죄를 표현하기 위해 스스로의 몸에 상처를 내어 고행하면서 길을 행진한다. 케르발라는 시아파 순례객들의 주요 성지며, 많은 시아파 신도들은 케르발라에서 채취한 흙으로 빚은 납작한 점토판에 머리를 대고 예배를 드린다.

우마이야 왕조부터 이슬람은 팽창의 시기로 접어들게 된다.

4

팽창과 제국

중앙아시아에서 유럽까지
중국
인도
동남아시아
아프리카

ISLAM

우마이야 왕조 이후 이슬람이 전 세계로 전파될 수 있었던 힘은 어디에 있는가?
인도, 중국은 물론 아프리카까지 뻗어 나갈 수 있었던 이슬람 제국의 번성에 가장 크게 기여한 것은 무엇일까?

NO-NONSENSE
04

팽창과 제국

7세기 이후 전 세계를 휩쓴 이슬람의 급속한 발흥은 역사가들을 당혹케 한다. 이 것을 설명하기 위해 흔히 이슬람이 정복 전쟁을 통해 팽창했다고 하나, 무역과 수 피 운동도 그에 못지않게 이슬람의 전파에 중요한 역할을 했다.

중앙아시아에서 유럽까지

우마이야 왕조는 661년부터 750년까지 통치했다. 그들의 통치는 처음 시작부터 포악하고 인기가 없었다. 하지만 우마이야 왕조의 역사는 대부분 그 정복자인 압바스 왕조(749~1258) 대에 쓰였으므로 비판적 논조를 띠고 있음을 감안해야 한다. 우마이야 왕조에 대한 반란은 747년 페르시아 동부의 쿠라산에서부터 시작되었다. 압바스 부족의 아부 무슬림Abu Muslim 장군은 "침략하는 자들에 대항하여 투쟁하는 것이 허락되나니 모든 잘못은 침략자들에게 있노라.(『꾸란』 22 : 39)"라고 쓴 깃발을 내걸고 반란군을 일으켰다.

762년에 압바스 왕조는 수도를 다마스쿠스에서 새로 건설한 도시 바그다드로 옮겼다. 압바스 왕조하에서 과학, 철학, 의학, 교육이 꽃피었으며, 페르시아의 학문과 그리스의 유산이 독특한 무슬림 문화의 색채를 띠며 서로 조화롭게 섞여들었다. 특히 하룬 알-라시드Harun al-Rashid 통치하의 바그다드는 이슬람 학문의 황금시기로 일컬어지며, 『천일야화』의 원형이 완성되어 풍부하고 영화로운 시대를 반영하였다. 압바스 왕조는 1258년에 몽골의 침입으로 멸망하였는데, 몽골 군대는 바그다드를 약탈하고 유명한 도서관에 불을 질렀다. 압바스 왕조의 왕들은 스스로 칼리프임을 선언하였지만 무슬림 세계는 이제 더 이상 하나의 제국이 아니었다. 지방에서 제국들이 속속 나타나 서로 느슨한 망을 이루었으며, 그중 일부 제국은 칼리프의 지위에 정면으로 도전하기도 했다. 하지만 대부분은 압바스 왕조에 대해 명목상의 충성을 맹세했다.

8세기 중엽에 이미 우마이야 왕조는 북아프리카 전역에 진출해 있었다. 무슬림 제국의 영토 확장은 오늘날 존재하는 무슬림 세계를 창조하는 데 일정한 역할을 했다. 하지만 그 영토의 주민 대부분에게 종교로서의 이슬람을 전파하는 일은 그와는 별개의 과정이었고 완전하지도 않았으므로, 소수 종교와 공동체들은 계속해서 존재했다.

'제국empire' 이란 말에는 근대적인 의미가 실려 있다. 역사 속에서 제국은 다양한 양상을 띠었고, 주로 부정적인 방향이었지만 항상 복잡한 발전 과정을 거쳐 왔다. 하지만 새로운 정치 및 영토 통제 체제는 기존의 분열과 알력을 토대로 하여 부상하는 경우가 많았다. 무슬림 제국이 발흥할 때도 근대 식민 제국이 떠오를 때와 비슷한 현상이 나타났다. 일례로, 서아시아의 중심 지역은 비잔틴 제국과 페르시아의 억압적인 지배 때문에 주민들이 무슬림 통치를 기꺼이 받아들이고 그에 협력하였다. 반면 북아프리카에서는 무슬림 정권이 팽창하던 초기에 베르베르 인 원주민들의 저항에 부딪쳤다. 나중에는 그들도 이슬람을 받아들이고 무슬림 영토 확장의 선봉에 섰지만.

무슬림 군대는 665년까지 바그다드 북동쪽의 잘룰라에 있던 비잔틴의 옛 해군 기지를 사용하다가 700년 튀니지에 새로 해군 기지를 건설하였고, 그때까지 이집트에서 선박을 건조해 온 백여 개 집안도 따라서 이리로 이주하여 정착하였다. 711년에 베르베르 인인 타리크 이븐 지야드Tariq Ibn Ziyad는 1만 병력의 대규모 무슬림 선단을 지휘하여 스페인 남부의 알헤시라스 만에 착륙하였다. 이 부대는 서고트의 왕인 로드리고Rodrigo를 무찌르고 세비야, 코르도바를 거쳐서 진군하여 713년에는 톨레도까지 점령했다. 720년 그들은 피레네 산맥의 남북 지방까지 점령하여 서고트 족의 거의 모든 영토를 정복하기에 이르렀는데, 무슬림은 이 지역을 알-안달루스라고 부르게 된다. 무슬림 군대는 스페인에만 머무르지 않고 프랑스 남부(프로방스와 론 강 분지를 지나 나르본, 님, 카르카손)까지 진출했다. 아키탱Aquitaine 지방을 통해 프랑스에 침입한 무슬림 군대의 진군은 732년 프와티에Poitiers 부근에서 벌어진 투르 전투에서 패배하면서 결국 멈추게 된다. 유럽 역사가들은 이 전투를 무슬림의 유럽 진출의 분수령이자 유럽사에서 중요한 사건으로 평가하곤 한다. 비록 그 이후에도 유럽 대륙에서 무슬림이 사라진 것은 아니지만, 알-안달루스, 즉 무슬림 스페인은 한 번도 이베리아 반도 전체를 지배해 보지 못했으며, 1492년 무슬림의 마지막 술탄 영지인 그라나다가 스페인에 함락되기까지 수세기 동안 서서히 쇠락의 길을 걸었다.

압바스 조의 통치권이 스페인까지 미치지는 못했으므로 우마이야 왕조는 이곳으로 망명하여 나라를 건설했다. 북아프리카에도 왕조들이 세워졌다. 909년 이스마일계 시아파 왕조인 파티마 조가 출현하여, 1171년까지 이집트 전체와 팔레스타인과 시리아의 일부를 지배했다. 그리고 그 뒤를 이어 살라후딘 알-아이유브 Salahuddin al-Ayyubi가 창건한 순니파 아이유브Ayyubid 왕조가 들어섰다. 살라후딘 알-아이유브는 유럽에서 살라딘이라는 이름으로 더 잘 알려졌는데, 이집트에서 팔레스타인과 시리아까지 영토를 확장하여 그곳에서 (기독교) 십자군이 건설한 유럽인들의 요충지를 탈환했다.(6장 참조)

알모라비데Almoravids라는 왕조도 북아프리카에서 출현했다. 이 왕조의 이름은 아랍어인 '알-무라비툰al-Murabitun'에서 유래하였는데, '종교를 수호하기 위해 함께 모인 이들'이라는 뜻이다. 명칭이 암시하듯 이 왕조는 종교 부흥 운동의 결과로 창건되었다. 알모라비데는 스페인에서부터 서아프리카의 니제르 강에까지 이르는 영토를 지배했다. 이렇게 해서 스페인에 있던 무슬림 학문의 중심지들은 사하라 종단 무역로를 통해 오늘날의 말리에 위치한 대학 도시 통북투까지 연결되기에 이른다.

우마이야 왕조는 페르시아에 대한 지배를 굳히면서 코카서스,

아나톨리아 동부, 중앙아시아까지 진출하였다. 그들은 페르시아 동부의 쿠라산 지방에서부터 중국으로 통하는 무역로를 따라 동쪽으로 진군하여 715년경에는 부하라, 사마르칸트, 그리고 오늘날 우즈베키스탄의 키바인 호라즘에 각각 자리 잡았다. 이들 중앙아시아의 도시는 중요한 무역 중심지였을 뿐만 아니라 유명한 무슬림 학자들을 배출한 학문의 중심지이기도 했다. 일례로 이맘 부카리의 이름은 그가 태어난 도시인 부하라에서 따온 것이다. 중앙아시아 스텝 지대의 투르크 인들은 군인으로 명성을 떨쳤고 무슬림 문명에서 주요한 역할을 했다. 그들은 또 무슬림 문명에서 가장 역설적인 산물 중 하나인 맘루크 왕조를 건설하기도 했다. 맘루크Mamluk란 '다른 사람이 소유한 자'라는 뜻으로, 다시 말해 노예를 가리킨다. 그들은 무슬림 군대에 고용되어 막강한 전력을 떨쳤으며, 급기야 1254년에는 이집트에 자신들만의 국가를 건설하기에 이른다. 바그다드를 약탈한 몽골 군의 진군을 저지한 장본인도 맘루크 군대였다. 맘루크는 계속해서 이집트를 지배하여, 1517년 오스만 제국에 의해 멸망할 당시에는 지주 계층이 되어 있었다.

아나톨리아에서 출현한 오스만(오스만 투르크) 제국은 왕조의 창건자인 오스만(Osman, 1258~1326)에서 그 이름을 따왔다. 1301년 오스만 군대는 니케아에서 비잔틴 군대를 격파하고 동유럽의 비잔틴 제국 영토로 밀고 들어가기 시작했다. 1369년 그들은 오늘날 터키의 에디르네인 유럽 본토의 아드리아노플을 점령했다. 그들은 이곳을 수도로 삼았는데 이는 콘스탄티노플이 완전히 포위

되었음을 의미했다. 오스만은 이곳을 유럽의 전초 기지로 삼고 마케도니아와 불가리아로 진출했으며, 1389년에 코소보 전투에서 승리하여 발칸 반도에서 지위를 굳건히 했다. 그리고 1453년 '정복자' 메흐메트 2세Mehmet II가 마침내 콘스탄티노플을 함락시키는데, 이 사건은 유럽 전체에 충격을 불러일으켰다. 메흐메트 2세는 보스니아로 진군하여 그리스를 휩쓸고 난 뒤, 이탈리아를 공격하려고 군대를 일으켰다. 교황은 로마에서 피신할 준비까지 마쳤다가, 메흐메트의 갑작스런 죽음으로 간신히 위협을 피할 수 있었다. '대제The Magnificent'라고 일컫는 술레이만 1세의 치세 때, 오스만 군대는 1521년 벨그라드를 점령하고 1526년 모하치 전투에서 헝가리의 저항을 물리쳤으며 1529년 비엔나 성문에 도착하였다. 그리고 그 과정에서 로도스 섬을 점령하고 지중해에서 제해권을 확립하였다. 술레이만 대제가 재위한 1521년부터 1566년까지는 오스만이 유럽에서 승리를 거둔 절정의 시기였다. 오스만 지배하에서도 그리스정교회는 계속해서 유지되었으며 한편으로는 발칸 인들 사이에 이슬람이 서서히 전파되었다.

이슬람이 페르시아로 전파된 것은 7세기다. 압바스의 칼리프들은 세련된 페르시아 문화에 깊은 인상을 받아 고대 사산조 페르시아 통치자들의 관습을 여럿 받아들였다. 몽골의 침입 이후 페르시아는 여러 제국들의 각축장이 되었다가, 1501년부터 1732년까지 사파비 왕조의 지배를 받으면서 안정을 찾게 되었다. 사파비의 통치자인 샤 압바스 1세가 오스만 제국과 화친하면서 무슬림 세계에는 두 개의 큰 세력권이 형성되었다. 사파비 왕조는 페르시아 언어와 문화의 영향력을 동부 및 인도 영토까지 확대한 주된 세력이었다.

서쪽에서 오스만 제국의 패권은 계속해서 커 나갔다. 오스만은 스스로 칼리프를 자임한 마지막 왕조였다. 1517년, 술탄 셀림 1세는 압바스 왕조의 마지막 남은 유산인 카이로를 정복한 뒤 칼리프의 칭호를 양도받았다. 유럽의 열강들은 오스만 제국이 칼리프 칭호를 사용하는 데 대해 대단히 신경을 썼고, 특히 영국은 이 칭호가 인도 아대륙의 무슬림에게 줄 감정적인 영향력을 두려워했다. 영국 관료들은 오리엔탈리스트 학자들의 지원을 받아, 오스만의 칼리프 자칭이 부당함을 주장하는 데 애썼다. 오스만의 칼리프 제도는 1924년, 터키를 근대화하고 공화국을 수립한 케말 아타투르크Kemal Attaturk에 의해 종말을 맞았다.

왕조들이 복잡하게 얽히고 그들이 지배하는 영토가 시시때때로 변화한 것은 무슬림 세계의 역사에서 한 측면에 불과하다. 이슬람 종교의 전파 경로를 따라감으로써 무슬림 문명의 지리·문화 복합체에 접근하는 방법도 있다. 서아시아 큰 도시의 시장들은 구대륙 전체로 뻗어 있는 장거리 교역로의 중심축이었다. 이슬람은 사람들이 접촉하는 이 대동맥을 따라서 무슬림 상인들의 매개를 통해 전 세계의 여러 지역으로 평화적이고 유기적으로 전파되었다. 상인 일행에는 수피 신비주의자들이 곧잘 동행하여 곳곳에 신비주의 결사 연합체를 세우곤 했다. 이슬람이 새로운 정부, 국가, 지방 왕조를 건설한 지역은 무슬림 세계라고 일컫는 복합체 속에 추가되고 통합되었다.

NO-NONSENSE

주요 무슬림 왕조

왕조	
우마이야 조	661~750
바그다드 압바스 조	749~258
카이로 압바스 조	1261~1517
스페인 우마이야 조	756~1031
스페인의 여러 맘루크 왕조들	1010~1205
스페인 도시국가의 알모라비드 조* 및 기타 왕조들	1090~1492
모로코의 이드리스 조	789~926
알제리의 루스타미드 조	777~909
알제리와 시칠리아의 아글라브 조	800~909
북아프리카와 스페인의 알무라비툰 조*	1056~1147
모로코의 샤리프** 왕조	1511~?
이집트, 시리아, 예멘의 아이유브 조	1169~1462
이집트와 시리아의 맘루크 조	1250~1517
페르시아의 사파르 조	867~1495
이라크와 페르시아의 셀주크 조	1038~1194
알라무트의 아사신 파***	1090~1256
아나톨리아의 셀주크 조	1077~1307
페르시아의 사파비 조	1501~1732
아프가니스탄과 인도의 가즈니 조	977~1186
아프가니스탄과 인도의 구르 술탄 조	1000~1215
델리 술탄 조	1206~1555
무굴 제국	1526~1858
오토만 제국	1281~1924

* 알모라비드 조와 알무라비툰 조는 같은 왕조의 다른 이름이다. 북아프리카에 근거지를 두고 건설된 알무라비툰 조는 1090년경 이베리아 반도까지 영토를 확장하는 등 세력을 떨쳤다가 1147년 멸망한다. 옮긴이

** 샤리프Sharif란 선지자 무함마드의 직계 후손을 말한다. 모로코는 16세기에 샤리프가 이룩한 왕조가 처음으로 수립된 이래 오늘날까지 샤리프 가문의 국왕이 통치하고 있다. 옮긴이

*** 아사신 파는 왕조가 아니라 이슬람의 종교·정치 일파인 이스마일 파의 분파에 속하는 비밀 조직이다. 이란의 알라무트를 근거지로 암살 활동 등을 하다가 몽골 군에게 함락되었다. 옮긴이

중국

　우마이야 왕조의 패권이 동쪽을 향해 움직이던 때에, 중국의 당나라는 서쪽으로 영토를 확장하고 있었다. 무슬림 문명과 중국 문명이라는 두 세력은, 751년 오늘날의 키르기스스탄에 위치한 탈라스 강에서 벌어진 전투에서 처음이자 마지막으로 직접 맞부딪치게 된다. 이 전투에서는 무슬림 군대가 승리를 거두었지만, 우연히도 그 시기는 우마이야 왕조가 몰락하고 압바스 왕조가 건설된 시기와 일치했다. 압바스 왕조는 서아시아에서 자신의 입지를 지키는 것을 더 우선시했고, 중국을 향해 동쪽으로 더 진군해야 할 군사적인 동기가 없었다. 그러나 탈라스 전투는 왕조나 영토 확장 따위는 비교도 안 될 정도로 무슬림 문명의 발전에 중요한 영향을 끼쳤다. 전투에서 포로로 잡아 온 중국인 중에 종이 제조 기술을 지닌 장인들이 있었던 것이다. 무슬림은 이 기술을 열성적으로 받아들여, 사마르칸트는 유명한 종이 제작 및 수출 중심지가 되었다. 793년에는 바그다드에도 제지 산업이 정착했고, 곧 이곳은 대규모 출판 산업으로 유명해졌다.

　무슬림 군대는 더 이상 동쪽으로 영토 확장을 하지 않았지만 이슬람은 무역로를 따라서 중국으로 전파되었다. 오늘날 중국의 서쪽 최변방 지역인 신장新疆의 주민들은 거의 전부가 무슬림이다. 무슬림 세계와 중국이 계속 중앙아시아를 거치는 육로만으로 접촉을 유지한 것은 아니었다. 무슬림 상인들은 인도양의 해로를 통해서도 중국으로 건너갔다. 9세기경에는 중국 남부의 항구인

광저우에만 약 십만 명의 아랍 상인들이 있었던 것으로 추정된다. 송나라(960~1279) 때 해상무역을 관리하는 시박사市舶司의 관료직에 무슬림들이 임명되기도 했다. 무역과 별개로 무슬림 학자들 또한 중국에서 언제나 환영받았으며, 두 문명 사이에는 과학과 기술에 대한 여러 아이디어들이 오갔다. 명나라(1368~1644) 때에 이르면 이슬람은 중국에 서서히 통합되어, 겉보기에 중국적인 외관을 취하면서도 이슬람을 고수하는 특유의 문화를 이룩하게 된다. 15세기 초기에 명나라에서 서쪽으로 무역 사절단을 파견하기 시작하여 동남아시아와 인도의 여러 항구들을 방문했을 때, 이 사절단을 지휘한 사람 또한 중국의 무슬림 장군인 정화鄭和였다.

인도

우마이야 왕조가 중앙아시아로 팽창하는 과정에서, 무슬림 군대는 아프가니스탄을 점령하고 712년 신드 지방을 침공하여 인더스 강의 서안 지역(오늘날의 파키스탄)에 자리 잡게 된다. 994년에는 투르크 인의 일파인 가즈나비드 인들이 오늘날 이란의 동부 지역에서부터 아프가니스탄과 오늘날의 파키스탄까지 이르는 지방 제국인 가즈니 왕조를 건설하였는데, 가즈나비드란 그들이 수도로 삼은 도시 이름인 가즈나에서 유래하였다. 그리고 1000년, 가즈니의 마흐무드Mahmud가 무슬림 군대를 일으켜 북인도로 팽창을 꾀하였다. 일부 지방에서는 좀 더 안정된 통치를 확립하기도 했지만, 초기의 무슬림 군대는 대개 주기적으로 인도를 공격하는 데 머물렀다. 북인도에서 무슬림의 정치적 권위는 1206년, 델리 술탄 왕조가 건설되고 나서야 비로소 굳건해졌다.

인도 대륙에서 이슬람의 역사는 매우 복잡하다. 무슬림들은 인도양 횡단 무역을 통해 인도 서부 말라바르 해안의 항구까지 도달했으며, 700년대 말경에는 이미 이곳을 기점으로 이슬람이 전파되기 시작했다. 이곳은 무슬림의 지배하에 있는 갠지스 평원 북부 영토의 바깥 지역이었지만, 일례로 1340년 이후에 번성한 남인도의 힌두교 왕국 비자야나가르는 군대의 주력을 무슬림 병사들에게 의존하였다. 그리고 수피 신비가들이 힌두 신비주의와 서로 공명하는 부분을 발견하면서 이슬람은 신비주의 집단 사이에서 빠르게 퍼져 나갔다.

또 문화 교류를 통해 두 문화 모두 과학, 기술, 미술, 공예, 문학, 철학 등의 지식이 더욱 풍부해졌다. 이 과정은 15세기에 무굴 제국이 출현하기 이전에도 활발히 전개되었다. 세계 여러 곳에서 무슬림들이 인도로 와서 정착하였다. 14세기의 위대한 무슬림 여행가 이븐 바투타Ibn Battuta는 델리에서 법관으로 일했고, 중국으로 여행하는 도중에 몰디브 섬에서도 법관을 역임한 바 있다. 무슬림 문명은 인도의 사상이 바깥세상으로 나가는 동시에, 인도가 바깥세상과 접촉하고 그 사상을 받아들이는 창조적인 통로 역할을 했다.

무굴 제국은 인도 대륙에서 마지막으로 빛난 위대한 무슬림 문화를 대표한다. 무굴 제국을 창건한 바부르(Babur, 1483~1530)는 부계 쪽으로는 티무르의 후손이고 모계 쪽으로는 칭기즈칸의 후손으로서, 열한 살에 중앙아시아 페르가나의 통치자가 되고 열네 살에는 사마르칸트를 정복했다. 그러나 결국 두 지역을 모두 잃고 다시 아프가니스탄으로 진군하여 카불과 칸다하르를 점령한 뒤, 델리 술탄 왕조를 무너뜨리고 인도에 자신의 제국을 세웠다. 바부르의 후손들은 무굴 제국의 영토를 더욱 확장하여 인도의 상당 부분을 지배하게 된다. 무굴의 마지막 통치자는 1858년, 실권을 거의 잃은 채로 영국에 의해 폐위되었다. 오늘날 인도의 무슬림은 전체 인구의 12퍼센트를 차지하고 있다. 이들 덕분에 인도는 세계에서 무슬림 인구가 가장 많은 국가들 순위에서 상위권을 점하고 있다.

동남아시아

동남아시아에서 이슬람은 오로지 교역과 학문적 접촉만으로 전파되었다. 인도네시아의 섬들과 말레이시아 반도로 이루어진 말레이 세계는 광범위하고 다양한 인도양의 무역 세력들이 한데 만나는 지역이었다. 이 풍부하고 다채로운 지역에서, 무역상들은 향료뿐만 아니라 주석, 귀금속 등 여러 가지 상품을 취급하였다. 인도 문화의 영향을 받은 자바의 마자파히트Majapahit와 스리비자야Srivijaya 왕국은 이슬람이 전래되기 오래 전부터 힌두교와 불교 학문의 중심지였다. 무역상들은 정기적으로 찾아오는 몬순 계절풍을 타고 이 지역에 상륙했다가, 다시 바람이 바뀌어 고향으로 되돌아갈 수 있을 때까지 몇 달씩 이곳에 발이 묶이곤 했다. 이런 패턴이 주기적으로 반복되면서, 무슬림 교역상과 여행객들은 활발한 교류를 통해 이슬람을 말레이 인들에게 소개하게 되었다. 1000년경에는 무슬림 무역항이 출현하였고, 1200년경 수마트라 섬 북단의 아체 지방에 말레이 무슬림 국가가 나타났으며, 이후 수백 년간 이를 계승한 국가들이 두드러지게 융성하였다.

아프리카

앞에서도 보았듯이, 아라비아와 아프리카 북동부 지역 사이에는 선지자 무함마드의 생전부터 이미 충분한 접촉이 이루어지고 있었다. 이집트가 고대부터 나일 강을 통해 수단과 연결되어 있었던 것처럼, 예멘도 아주 이른 시기부터 소말리아와 연결되어 있었다. 이슬람은 이 고대의 두 통로를 통해 동아프리카로 유기적으로 전파되었다. 900년 이후 이슬람은 대륙의 동부 해안을 따라 밑으로 전파되기 시작하여 알-잔지라고 일컫는 지역에까지 이르렀다. 이윽고 케냐, 탄자니아(탄자니아는 '탕가니카'와 무슬림들의 섬이라는 뜻인 '잔지바르'를 합성한 이름이다.)의 해안 지방에서부터 남쪽으로는 오늘날 모잠비크에 위치한 소팔라Sofala 지방에 이르기까지 흑인 아프리카 국가들이 여럿 건설되었다.

이 해안 무역 국가들은 아프리카 내륙과 접촉하여 황금, 상아, 노예를 얻고 그 대가로 인도양 무역을 통해 취득한 물품을 교환했다. 노예무역은 고대 세계의 한 특징으로 무슬림 영토 내에서 흔한 관습이 되었다. 노예제에 대해서는 좋게 말할 여지가 거의

NO-NONSENSE

무슬림의 수가 가장 많은 국가들

나라	무슬림의 수
인도네시아	170,310,000
파키스탄	136,000,000
방글라데시	106,050,000
인도	103,000,000
터키	62,410,000
이란	60,790,000
이집트	53,730,000
나이지리아	47,720,000
중국	37,108,100

▶출처 — Statistic, Economic and Social Research and Training Center for Islamic Countries (SESRTCIC), Ankara, Turkey; www.adherents.com, January 2000.

없지만, 고대 및 무슬림 세계의 노예제는 근대의 그것과 중요한 차이가 있었다. 고대 및 무슬림 세계의 노예들은 최소한의 권리를 지닌 인간이었던 반면, 대서양을 건너 카리브 해와 미국의 플랜테이션 농장으로 운송된 근대의 상품 노예는 순수한 재산에 가까웠다. 그리고 고대 및 무슬림 세계의 어느 곳에서도 노예나 노예의 자손이 영구적인 최하층에만 머무는 경우는 거의 없었다. 모리타니 등 아프리카의 일부 무슬림 국가에서 아직도 노예제가 존속하는 것은 창피하고 이례적인 일이다.

북아프리카의 지중해 연안과 서아프리카 니제르 강 남안의 금광 지대를 연결하는 사하라 종단 무역로 또한 고대부터 존재해 왔다. 옛날부터 이 길을 사용해 온 베르베르 인과 투아레그 인들이 이슬람을 받아들이고 난 후부터, 이 길 역시 이슬람이 조직적으로 전파되는 중요한 경로가 되었다. 사하라 종단 무역은 황금뿐만 아니라 소금, 가죽 등 수많은 상품을 취급하였다. 서아프리카 수단 지역■에는 약 5세기 이래로 여러 흑인 아프리카 국가들이 존재해 왔다. 이 지역은 사하라 사막과 적도 해안의 우림 사이에 펼쳐진 초원 지대로서, '흑인들의 땅' 이라는 뜻의 아랍어 '빌라드 알 수단bilad al sudan' 에서 그 명칭이 유래했다. 세네갈 타크루르 왕국의 드야오고 왕조가 850년 최초로 이슬람을 받아들인 이후 이 지역에 서서히 전파된 이슬람 신앙은, 니제르 강 양안에 걸쳐 존재하던 가나 제국(오늘날의 가나와는 다른 나라다.)의 문화에 융합되었다. 가나 제국은 무슬림을 정부 관료로 광범위하게 고용하였다.

NO-NONSENSE

무슬림의 수가 상당한 규모에 이르는 국가들

다음에 열거하는 나라에는 상당한 규모의 무슬림 공동체가 존재한다.

▶미국—5백7십만 명의 무슬림이 있다고 추산. 이는 얼추 유대인의 수와 비슷하다.

▶프랑스—3백만 명의 무슬림이 있다고 추산.

▶독일—2백5십만 명의 무슬림이 있다고 추산.

▶영국—1백5십만 명의 무슬림이 있다고 추산.

▶캐나다—5십만 명의 무슬림이 있다고 추산.

▶호주—2십만 명의 무슬림이 있다고 추산.

▶출처—Statistic, Economic and Social Research and Training Center for Islamic Countries (SESRTCIC), Ankara, Turkey; www.adherents.com, January 2000.

그 이후로도 서아프리카 수단 지역에는 제국들이 잇달아 등장하여, 서로 느슨하게 연결된 도시와 소규모 지방 국가들을 하나로 통합하고 중앙 권력을 행사하였다. 가나 제국이 멸망하고 난 뒤 1235년에는 말리 제국이 세워져 크게 융성하였다. 전성기에는 세네갈 해안에서 니제르 강을 따라 통북투와 고아 등 주요 무역 도시들이 자리한 중류 지역을 지나, 사하라 소금 생산 지역에까지 그 영향력이 미치기도 했다. 말리 왕국의 가장 이름 높은 통치자인 만사 무사Mansa Musa는 1334년 메카로 순례를 다녀왔다. 말리 제국은 봉신 중 하나였던 송가이의 영향력이 증대하면서 그 힘을 잃기 시작했다. 송가이는 1400년대에 전성기를 누렸다.

대규모 무역 도시인 통북투는 1000년경을 전후하여 건설되었다. 이 도시는 그 지역에 잇달아 등장한 지방 제국에 차례로 편입되었지만, 이 도시를 주로 통치하는 이들은 다름 아닌 학자들이었다. 이 도시에서 가장 중요한 건물인 상코레 사원은 무슬림 세

■ 깊이 읽기

서아프리카 수단 지역 West African Sudan

여기서 수단이란 오늘날의 나라 이름인 수단이 아니라, 식생을 기준으로 해서 아프리카 북부 사하라 사막 이남의 대서양에서 홍해에 이르는 광대한 지역을 말한다. 서아프리카 수단 지역은 이 지역을 둘 혹은 셋으로 나누어서 그중 서쪽에 해당하는 사바나 지방을 가리킨다. 옮긴이

계의 수많은 사원들이 그렇듯이 대학이기도 했다.

레오 아프리카누스Leo Africanus는 무어인 무슬림 작가로서 해적에 납치되었다가 교황 레오 10세의 양자로 들어간 인물인데, 1510년부터 1513년까지 통북투를 방문한 바 있다. 그가 유괴되어 바티칸에 유폐되어 있는 동안 집필한 책은 19세기 중반까지도 유럽인들이 아프리카 내륙에 대한 정보를 얻는 주요한 출처였다. 레오 아프리카누스는 통북투에 대해 이렇게 썼다.

"여기에는 수많은 학자, 판사, 사제, 기타 학식을 갖춘 사람들이 있으며 왕이 이들의 급료를 지불한다. 다양한 원고와 서적이 바르바리(북아프리카 해안 지역의 옛 이름. 옮긴이)에서 이곳으로 모여들며 그 어떤 상품보다도 비싸게 팔린다."

학문은 이슬람 문명이 지닌 영향력의 기초를 놓았다. 이에 대해서는 다음 장에서 소개할 것이다.

5 문명과 학문

ISLAM

이슬람이 과학과 철학, 사상과 학문에 남긴 발자취에
는 어떤 것들이 있을까?
이슬람이 전 세계 문명에 끼친 학문적 영향은 오늘날
의 무슬림에게 어떤 의미가 있는가?
이슬람 문명이 갑자기 쇠퇴한 까닭은 무엇인가?

NO-NONSENSE
05

문명과 학문

이슬람 문명은 사상과 학문, 과학 발전, 철학적 사변에서 필적할 바가 없을 만큼 크나큰 업적을 남겼다. 그 불후의 힘은 무슬림의 정체성을 규정하는 시민사회와 제도, 생활 방식에서 나온 것이다.

무슬림 세계에서 출현한 왕조들은 훌륭하고 존경받으며 학식이 풍부하고 지혜로운 유명한 통치자들을 여럿 배출하였다. 하지만 그에 못지않게 무자비한 독재자와 폭군 또한 많이 배출하였는데, 이런 지도자의 통치하에 있는 사람들의 마음속에는 통치 능력에 대한 정치적·영적·교리적인 온갖 의문이 새겨지게 된다. 하지만 정통 칼리프 시대 이래로 학자와 사상가들은 시민사회가 작동하고 무슬림 문명이 진화할 수 있는 법과 제도적 틀을 확립해 왔다. 그들은 『꾸란』과 순나를 연구하여 교훈과 전례로 삼음으로써 정부, 행정, 법체계 발전의 기초를 놓았다. 이는 또 가정생활과 경제조직, 그리고 공동체를 이루는 사람들 사이의 행동 모델을 제공하였으며 사람이 살아가는 물리적 환경과 생태적 패턴에까지 영향을 끼쳤다. 4대 법학파의 창시자 중 한 명인 아부 하니파Abu Hanifa의 사상은 무슬림 문명의 기초를 확립한 사고방식에 대한 유용한 통찰을 담고 있다. 아부 하니파는 '피끄흐 알-아크바르Fiqh al-Akbar라는 원칙을 발표했다.

> 타인이 죄로 인해 신앙을 버렸다고 단정하지 않으며 타인의 신앙을 부정하지도 않는다.
> 선한 것을 명하고 악한 것을 금한다.
> 내게로 온 것은 애초에 나를 비껴갈 수 없었다. 또 나를 비껴간 것이 애초에 내게로 올 수도 없었다.
> 신의 사자(선지자 무함마드. 옮긴이)의 교우들을 부인하지 않으며, 그중 어느 한 명에게만 집착하지도 않는다.
> 오스만과 알리에 대한 의문은 모든 숨겨진 것들의 비밀을 아시는 하나님의 몫으로 넘긴다.
> 종교 문제에 대한 통찰은 지식과 법률 문제에 대한 통찰보다 낫다.
> 공동체에서 견해 차이는 하나님의 자비의 표시다.

정통 칼리프 시대의 끝을 어지럽힌 호된 파벌주의를 경험한 이후, 정당한 견해 차이를 승인했다는 것은 중요한 이정표다. 여기서 아부 하니파는 사상, 견해, 신앙이 작용하는 데도 도덕적, 윤리적 한계가 있다는 명제를 분명히 하고 있다. 아부 하니파는 우마이야 왕조의 법관으로 재직하기를 거부했는데, 후대의 종교 학자들도 이를 전례 삼아 권력을 멀리 하게 된다. 학자들은 스스로 독립성을 유지함으로써, 무슬림 사회의 리더십에 대한 비판적 반성의 보고이자 폭정과 전제 정치에 맞서 이슬람적 정의의 이상을 지키는 수호자가 되었다.

고전 무슬림 학자들은 지식knowledge이라는 개념에 집착하여 지식을 수천 번이나 정의하고 재정의해서 정교한 분류 체계를 만들었다. 학자들은 지식과 교육을 무슬림 문명의 기초로 보았다. 교육은 '마드라사madrassa'를 통해 제도화되었다. 마드라사를 글자 그대로 풀이하면 '공부하는 곳'이라는 뜻인데, 실제 마드라사는 학생들의 거주 공간 이외에도 마드라사와 한데 붙어 있는 사원에서 일반적으로 행해지는 가르침을 의미한다. 이슬람이 전파된 곳에는 어김없이 사원이 지어졌다. 사원과 더불어 마드라사를 짓고 학생들에게 보조금을 지급하는 일은 통치자의 의무였다. 그리고 거기에 드는 돈은 상당 부분 자카트 기금으로 충당하게 되어 있었다. 또 상인 및 장인 조합도 이런 학교를 지원했고 개인이 사적으로 기부하기도 했다.

마드라사의 구체적인 기능은 고등교육이었다. 마드라사의 학생들은 이미 『꾸란』과 순나의 기초를 습득한 상태에서 『꾸란』 전체를 암기하는 일에 매진했다. 그 교육 과정은 10세기경에 완전히 발달한 형태로 확립되었는데, 논리학, 수사학, 법학, 전통적 수학 체계, 문법, 문학, 역사, 기도 시간의 계산, 『꾸란』의 해석과 낭독 등이 포함되었다. 일부 학교에서는 의학과 농학을 가르치기도 했다. 마드라사를 졸업한 학생들은 '이자자ijaza'라는 자격증을 받았는데, 이는 그들이 받은 교육 과정을 기록한 문서로서 자신이 배운 특정한 분야를 가르칠 자격이 있다는 표시였다. 마드라사가 발전하면서 '자미아jamia' 즉 대학도 출현했는데, 여기서는 교육 과정이 저마다 다른 '쿨리야kuliya' 즉 학부로 나누어져 있었다. 대학의 선생들은 독창적인 지식을 공언profess하는 사람이라는 뜻으로 공언자(professor, 교수)라고 불렸는데, 교수들은 '의자(Chair, 대학교수라는 의미도 있다. 옮긴이)'에 앉아서 가르치고 학생들은 바닥에 둘러앉아서 배웠다. 현존하는 세계에서 가장 오래된 대학은 이집트 카이로의 알-아즈하르 대학으로 970년에 설립되었다.

무슬림 세계 전체로 전파된 이 교육 체계 덕분에 학자들은 누구나 인정하는 지식의 허가증을 가지게 되었다. 무슬림 학자들의 개인사를 살펴보면 카디qadi, 즉 법관 자리를 구하기 위해 한 나라에서 다른 나라로 옮겨 다닌 경력이 셀 수 없이 나온다. 14세기의 튀니지 인인 이븐 칼둔Ibn Khaldun은 흔히 사회학의 창시자로 일컬어지며 역사가로도 유명한데, 공교롭게도 정치적으로 불안한 시대에 태어나 튀니지와 모로코와 스페인을 떠돌며 살아야 했다. 그는 핫지를 수행하고자 길을 떠났다가 도중에 이집트에 머물러 한동안 카이로의 대법관으로 일했다. 고용된 기간 동안 그는 다섯 번이나 해고되었다가 다시 복직했는데, 그다지 드문 일은 아니었다. 법관 직위를 지닌 사람은 통치자의 바람과 갈등을 빚는 일이 잦았기 때문이다. 무슬림이 여행을 떠나는 흔한 동기가 핫지, 즉 메카로의 순례였고, 이는 또 무슬림 세계 곳곳에서 온 여러 학자들이 서로 만나는 장이 되었다.

지적, 과학적 발전이 일찍부터 이루어진 것은 특히 이슬람의 종교 관습에 자극을 받은 측면이 크다. 예를 들어 『꾸란』의 명에 따라 상속 재산의 분배 비율을 산정한다는 윤리적 이상을 체계적으로 실천해야 했으므로, 이를 뒷받침하기 위해 대수학의 발전이 뒤따랐다. 무슬림 음력에 따라 달의 위상을 계산해서 라마단의 단식월이 시작하는 정확한 날짜를 정하는 일 또한 큰 과제였다. 또 무슬림이 예배할 때 향하는 '키블라(qiblah, 메카의 방위)'를 지구상 어디서나 계산해 낼 수 있어야 했다. 이런 문제를 해결하려는 노력은 수학, 천문학, 삼각법 등의 혁신으로 이어졌으며 무슬림 문명이 이룩한 지적 업적의 기초를 마련했다. '대수학algebra'이라는 영어 단어부터가 아랍어에서 왔으며, '알고리즘algorithm'이라는 단어는 9세기에 대수학의 기초를 닦은 알-카와리즈미al-Khawarizmi의 이름에서 유래했다. 그는 또 785년 인도식 셈법 체계에 대한 최초의 교본을 쓰기도 했다. 영zero의 개념은 인도에서 처음 발전한 다음 무슬림 수학에 통합되었다. 952년부터 953년까지 아불 하산 알-우클리디시Abu'l Hasan al Uqlidisi는 알-카와리즈미의 업적을 기초로 하여 소수에 대한 설명을 담은 수학책을 집필하였다. 메카의 방위 문제를 해결하려는 노력의 일환으로 10세기의 천문학자 알-바타니Al-Battani는 코사인 공식을 전개하였고, 달을 관측하는 과정에서 13세기의 나시르 알-딘 알-투시Nasir al-Din al-Tusi는 행성 모델을 발전시켰다. 알-투시는 '투시 연성Tusi couple'이라는 독특한 공식을 고안하였는데, 르네상스 시기의 과학자 코페르니쿠스는 이를 기반으로 태양을 태양계의 중심에 놓는 행성 이론을 정립하였다. 코페르니쿠스는 또 행성의 궤도를 계산하는 법을 발전시킨 14세기의 천문학자 이븐 알-샤티르Ibn al-Shatir의 업적에도 큰 도움을 받았다.

무슬림의 지적 전통은 이처럼 이슬람이라는 종교적 밑바탕에서 추진력을 얻었음은 물론, 여러 다른 문명의 지적 맥락을 받아들여 그 기반으로 삼았다. 무슬림들은 영토 확장 및 교역을 통한 접촉을 통해서 헬레니즘의 영향을 받은 서아시아, 페르시아, 인도, 중국 등의 지적 중심지에 대해 잘 알고 있었다. 이들 문명을 배경으로 하고 그 언어와 문화와 역사에 대한 지식을 지닌 사람들이 새로 무슬림으로 개종했고, 그들이 공통 언어인 아랍어를 습득하면서 비무슬림 전통에서 나온 지식이 무슬림 세계 전반에 흡수되기에 이르렀다. 나아가 무슬림 세계의 기독교도와 유대교도, 힌두교도와 중국인들은 아랍어를 쓰면서도 한편으로는 자국어로 된 저마다의 학문 전통을 유지하면서 무슬림과 더불어 살아갔다. 이처럼 무슬림 문명은 다문화 사회의 패치워크였으며, 계속해서 그 다양성을 잃지 않았다.

7세기 말경에 고전 문명이 남긴 유산을 번역하는 대역사가 시작되었다. 우마이야 왕조의 왕자인 칼리드 이븐 야지드(Khalid ibn Yazid, ?~704)는 의학, 수학, 천문학 서적을 아랍어로 번역하는 작업을 후원하였다. 아리스토텔레스 등 그리스 철학서를 최초로 번역한 사람은 압둘라 이븐 알-무카파(Abdullah ibn al-Muqaffa, ?~759) 혹은 그의 아들 무함마드인 것으로 추정된다. 번역 작업은 아마도 아리스토텔레스 저서의 페르시아어 판본을 토대로 한 것으로 보인다. 압바스 왕조의 칼리프인 알-마문al-Ma'mun은 830년 바그다드에 '바이트 알-히크마Bayt al-Hikmah', 즉 '지혜의 집'을 설립하여 그리스 등 외국의 철학, 과학, 의학 서적을 번역하는 작업의 공식적인 기초를 마련했다.

'지혜의 집'에서는 비잔티움에 사절을 보내 그리스의 필사본을 수집해 오는 한편 도서관도 지었는데, 그 전신은 칼리프 하룬 알-라시드(Harun al-Rashid, 재위 786~809)가 설립한 키자마트 알-히크마Kizamat al-Hikmah, 즉 '지혜의 도서관' 이었다. 모든 시민들에게 무료로 개방된 공공 도서관은 무슬림 세계의 대도시에서 공통적으로 볼 수 있는 특징이 되었다. 예를 들어 카이로에 있는 카자인 알-쿠수Hkhazain al-Qusu는 40개의 도서실에 총 160만 권의 장서를 소장하고 있었다.

전성기의 무슬림 문명은 참으로 기념비적인 서적 출판 및 유통 산업을 후원하였다. 이븐 알-나딤(ibn al-Nadim, ?~995)은 가장 유명한 출판업자 중 한 명이었다. 987년에 그는 자신의 서점에서 판매하는 모든 문헌들의 목록에 해설을 붙여서 소개한 『피흐리스트 Fihrist』, 즉 카탈로그를 출판하였는데, 그 항목이 수천 개에 달하였다(201쪽, '알-나딤이 자신의 서점 카탈로그 서문에 쓴 글' 참고). 각 항목에는 책의 페이지 수를 기재하여 고객들이 속아서 축약본을 구매하는 일이 없도록 배려하였다. 『피흐리스트』는 단순한 도서 목록이 아니었다. 이 책의 서문에는 열네 개 민족이 사용하는 문자와 더불어 각각의 언어와 그 특유의 서법을 소개하고 있다. 각 항목의 표제는 무슬림 문명의 풍부한 문헌을 한눈에 보여 준다. 여기에는 이슬람교, 유대교, 기독교의 경전, 기타 비일신교 전통에 속한 힌두교, 불교, 중국 종교의 교리에 대한 책들, 문법 및 철학서, 역사서·전기·족보 및 관련 서적, 시집, 사변적 신학을 일컫는 '칼람kalam', 법학 및 전승, 전설·우화·마술·요술, 연금술, 성性 교본 들이 들어 있다.

　서점은 손님들이 와서 책을 살펴보고, 원하는 책을 주문하면 서적상에 고용된 필경사들이 책을 필사하고, 손님들이 모여서 대화와 다과를 즐기는 기분 좋은 장소였다.

　교육은 주로 바이트 울-말Bayt ul-Mal, 즉 국고에 의해 운영되었다. 국고는 또한 보건 사업에도 중요하게 쓰였다. 의학 연구와 보건 체계의 발전은 무슬림 문명이 이룩한 주된 업적 중 하나다. 보건 체계의 기초는 바로 무료 병원이었다. 최초의 무료 병원은 908년 바그다드에 설립되었고, 곧 무슬림 도시 가운데 무료 병원이 없는 곳이 없게 되었다.

　이 제도가 특히 탁월한 점은 이것이 현대에 통용되는 개념의 종합병원과 다르지 않았다는 것이다. 여기서는 필요한 사람들이라면 누구에게나, 신앙과 출신을 가리지 않고 무료 의료 서비스를 받았다. 환자들은 병의 종류에 따라 각각 다른 병동에 수용되었다. 또 이곳은 교육 기능도 겸하고 있어서 학생들은 이곳에서 임상 진료를 배웠다.

　의학 및 약학 교육은 국가가 규제하고 감독하였다. 현대의 외과 의사들에게 친숙한 기본적인 수술 도구들도 이 체계 속에서 발달하였는데, 알-카심 알-자흐라위(al-Qasim al-Zahrawi, 936~1013)가 쓴 백과사전에 삽화로 그려져 있다. 무슬림 세계에서 가장 위대한 임상 의사라고 할 수 있는 아부 바크르 알-라지(Abu Bakr al-Razi, 864~925)는 천연두와 홍역을 다룬 최초의 논문을 남겼다. 그리고 이븐 시나(Ibn Sina, 980~1037)가 쓴 『의학 전범』은 무슬림 세계는 물론 유럽 대륙에서도 이후 800년 동안이나 표준 교과서로 쓰였다.

교육과 보건 분야에 국고도 투자했지만 그 외에도 무슬림 세계에는 이러한 활동 및 기타 다양한 자선 사업을 후원하는 제도, 즉 와끄프waqf가 존재했다. 와끄프란 글자 그대로 하면 '서다' 또는 '멈추다'라는 뜻인데, 주로 토지나 건물 등을 영구적으로 소유한 국가 재단으로 거기서 발생하는 이익을 공익을 위해 사용했다. 와끄프는 독립된 정부 부서에서 관리하고 그 수익으로 사원, 학교, 병원, 고아원 등을 후원했다. 여러 연구 프로젝트나 개별 과학자와 학자들 또한 와끄프의 후원을 받았다.

국가는 또 무게와 도량형이 적절히 유지되도록 감독하는 알-히스-바al-his-bah 제도를 통해 시장 운용을 조절할 책임도 있었다. 표준화된 통화의 도입에 힘입어, 교역은 무슬림 문명의 핏줄이자 결합 조직이 되었다. 『꾸란』에서 이자, 즉 리바riba를 금지하고 계약서를 공정하고 정의롭게 작성하도록 명령했기 때문에, 이슬람법에는 거래 및 경제적 업무에 대해 규정한 부분이 발달했다. 위험을 공평하게 나누어 갖는다는 정신은 소작小作에서부터 사업체 설립에 이르기까지 온갖 종류의 생산 활동에서 계약 관계 수립에 영향을 미쳤다. 이러한 원칙을 운용함으로써 무슬림 세계 전체에서 원거리 경제 활동과 금융 거래가 발전하였다. 해외에서 수표를 결재하는 법은 현대에 들어서 새로 고안된 것이 아니라, 무슬림들의 통상적인 관습에서 유래한 것이다. 수표라는 뜻의 영어 단어 '체크check'도 아랍어에서 온 말이다.

'지혜의 집'은 바그다드 한 군데에만 세워진 것이 아니다. '지혜의 집'을 모델로 삼아 이슬람권 전역에 비슷한 기관이 여럿 생겼다. 이는 비단 번역 사업뿐만 아니라, 효율적인 과학 정책을 추진하고 실험 과학을 발전시키며 과학자들이 교류하는 광장을 마련하는 데도 중요한 역할을 했다. 바그다드와 다마스쿠스에 있는 지혜의 집에는 각각 천문학 연구실이 딸려 있었는데, 곧 연구실들이 그물망을 이루어 이슬람권 전역으로 퍼져 나갔다. 그중 가장 유명한 연구실은 알-투시가 영향력 있는 천문학 학교를 세운 마라가Maragha에 있었다. '지혜의 집'은 학자, 과학자, 의사, 천문학자, 수학자들이 교류하는 공간으로 활용되었고, 도서관이 갖추어져 있어 이곳에 사서와 필경사들이 근무했다. 과학의 전 분야를 가르치는 강사진 및 일체의 시설이 잉크, 펜, 종이와 더불어 공공에 개방되었다.

화학과 물리학은 무슬림 문명에서 비로소 실험 과학으로 확립되었다. 화학(화학이라는 뜻의 영어 단어 'chemistry'는 아랍어인 '알키미야al-Kimya'에서 유래한 말이다.)은 8세기의 과학자인 자비르 빈 하이얀Jabir bin Hayyan에 의해 확립되었다. 현대의 산업 화학과 화학공학은 자비르(라틴어로는 게베르Geber)와 그 동시대 학자인 알-라지al-Razi, 알-킨디al-Kindi의 연구로 축적된 기술 지식에 크게 빚지고 있다. 물리학을 확립한 사람은 10세기의 과학자인 이븐 알-

하이삼Ibn al-Haytham이다. 오늘날 그의 광학 연구가 현대 과학에 큰 공헌을 한 것으로 평가되고 있다.(202쪽, '과학에 대해 이븐 알-하이삼이 남긴 글' 참고) 그는 고대 그리스 학자들의 일반적인 견해와는 반대로 광선이 물체에서 눈으로 전해 오는 것이라고 정확히 기술하였다. 그는 '카메라 옵스큐라(camera obscura, 암실 혹은 어둠상자로, 이 속에서 빛이 두 겹의 볼록렌즈를 통과하여 종이나 유리면 등에 외부의 상이 맺히게 된다.)'를 최초로 고안한 사람이기도 하다. 알카지니(al-Khazini, ?~1121)는 『지혜의 균형에 대한 책Book of Balance of Wisdom』에서 역학과 유체 정역학靜力學과 물리학에 대해 기술했다. 이 책에는 중력을 우주(즉, 지구)의 중심을 향한 힘으로 규정하는 중력 이론도 들어 있는데, 아이작 뉴턴(1642~1727)이 떨어지는 사과를 보고 중력의 원리를 발견하기 아직 수세기 전이었다.

관찰과 실험은 과학의 기초를 이루었지만, 이 매우 '근대적인' 연구 방식은 실제 사회의 기술 수요에 부응하여 실용적으로 적용되었다. 무슬림 과학자들의 저서를 보면, 이런 책을 통해 농업, 관개, 수많은 생산품의 제조 및 정련 등 여러 면에서 진보를 이루었으며 더욱 창의적인 기술 발전을 자극했음을 알 수 있다. 9세기에 바누 무사Banu Musa 형제가 쓴 『독창적인 장치들의 책Book of Ingenious Devices』에 실린 수백 가지 장치들 가운데 75개는 그들이 직접 고안한 기계였다. 알-자자리al-Jazari는 12세기에 쓴 『기계 기술의 이론과 실제에 관한 개설』에서, 이전에 고안된 기계를 그저 소개하는 데 그치지 않겠다고 분명히 밝히고 있다. 이 책에서 그는 바누 무사 형제의 업적을 칭찬하면서도 단순히 그들의 아이디어를 따라가기보다는 자신이 직접 설계한 장치를 선보이고 있다. 유리, 도자기, 섬유, 염색, 종이, 잉크 제조, 기타 다양한 도구 제작, 수력과 풍력의 활용, 섬유 추출oil-distillation 및 광업 기술의 발달 등은 무슬림 과학자들의 업적에서 수혜를 입은 분야들이다.

농학은 독자적인 학문 분야로서 확립되어 무슬림 세계의 삶에 지대한 영향을 끼쳤다. 이슬람권이 서로 긴밀히 연결되어 있었던 덕분에 쌀, 설탕, 면화, 경질 밀, 가지, 수박 등의 새로운 작물이 스페인에서 트랜속사니아(티무르 제국의 중심부였던 현재의 중앙아시아 투르크메니스탄, 카자흐스탄 일부 지역. 옮긴이)로 확산되었다. 과학자들은 토양 조건, 기후, 관개는 물론 농경 도구, 곡물 저장 및 보관 등을 연구하여 고대 세계의 농경 관습을 뒤집어엎는 혁신을 일으켰다. 무슬림 농업 혁명을 통해 새로운 윤작법 및 재배 시기가 도입되었으며, 농업용수를 찾고 활용하는 기술 덕분에 농경이 가능한 토지 면적이 크게 확장되었다. 11세기경에 스페인의 농학자들은 톨레도와 세비야의 왕립 식물원에서 연구 및 실험을 수행했다. 토양과 작물에 따라 적합한 거름을 어떻게 써야 하는지에 대해 자세히 연구한 농업 교본이 널리 편찬되었다.

과학과 기술은 무슬림이 살아가는 건축 환경에도 이슬람의 가르침 못지않게 심대한 영향을 끼쳤다. 무슬림 문명은 새로운 도시를 건설하면서 진보하였다. 코르도바에서 이스탄불, 아그라에서 사마르칸트까지 찬란히 빛나는 이슬람 건축은 우리가 눈으로 직접 확인할 수 있는 이슬람 문명의 유산이다. 하지만 대규모 건축물보다도 더욱 획기적인 것은 바로 도시 계획의 개념이다. 도시를 건설할 때 수용 능력, 수원 오염을 막기 위한 산업 및 생산 활동 지역의 개별 구획, 도심 주민을 위한 사회 시설 및 서비스의 설비 등을 고려한 것이다. 또 빛과 환경 조건을 활용하여 건물을 자연적으로 냉난방하는 방법도 연구하였다. 촌락과 도시의 바깥에는 개발이 금지된 신성한 구역, 즉 '하람harams'이 지정되었다. 또 오로지 야생동물과 숲을 보존하기 위해 개발과 이용이 금지된 구역인 '히마hima'도 있었다.

이슬람의 도덕적, 윤리적 가르침은 과학을 비롯한 모든 분야를 다루는 방식에 지대한 영향을 끼쳤다. 예를 들어 이븐 시나는 독약에 대해 기술하기는 했지만 이러한 물질을 가지고 실험하는 것은 윤리에 어긋난다고 생각했다. 이 윤리 덕분에 무슬림 저작들은 독특한 양식을 띠게 되었다. 즉 도입부에서 해당 주제에 대한 권위 있는 견해들을 죽 소개하고 난 다음에 비로소 이를 비판하거나 저자의 견해를 덧붙이는 것이 일반적인 형태다. 어떤 개념을 제시할 때는 언제나 명백히 이슬람을 언급하는 문체와 용어를 사용하고, 우리가 알거나 알 수 있는 모든 것에는 인간의 무지라는 한계가 있다는 지적 겸손을 보여야 한다.

무슬림 학문에서 가장 눈에 띄는 존재는 여러 다양한 분야에 능통하며 박식하고 세련된 만능 학자들이다. 일례로 자비르 빈 하이얀은 화학만 정립한 것이 아니라 종교, 철학, 의학, 천문학에 관한 저술도 남겼다. 알-카와리즈미도 수학자이자 천문학자, 지리학자로서 프톨레마이오스의 세계지도를 수정하고 시계, 해시계, 천체 관측의의 발전에 독창적인 공헌을 하였다. 9세기의 학자인 알-킨디al-Kindi는 이슬람 철학의 아버지로도 유명하지만 동시에 수학자, 물리학자, 의사, 지리학자였으며 음악에 대한 논문을 쓰기도 했다. 9세기, 10세기의 플라톤 연구가로서 『완전한 국가 The Perfect State』라는 책을 쓴 알-파라비al-Farabi 또한 철학, 논리학, 사회학, 의학, 음악 분야에도 기여한 박식한 학자였다. 9세기의 지리학자인 알-마수디(al-Masudi, ?~957)는 물리학자이자 역사가이기도 했다. 오마르 카이얌Omar Kayyam은 시인으로 명성이 높지만, 최초로 삼차 방정식을 푼 인물이기도 하다.

그중에서도 가장 박학다식한 학자는 아마도 알-비루니al-Biruni일 것이다. 그는 10세기, 11세기에 총 180권의 저서를 남겼으며 그중 40권이 오늘날까지 전해지고 있다. 그는 수학, 천문학, 물리학, 자연과학에 조예가 깊었고 훌륭한 언어학자이자 탁월한 지리학자, 역사가였으며, 도구를 능숙하게 제작하여 전동 장치가 달린 기계식 달력을 고안하기도 했다. 또 그는 금속의 무게를 소수점 셋째 자리까지 측정할 수 있었으며 인도의 풍습과 문화와 역사에 대해 기념비적인 연구를 남기기도 하였다. 그가 학문을 연구한 방식을 통해, 우리는 신중한 관찰과 실험을 기반으로 하고 타 민족의 문화와 관습을 존중하며, 언제나 겸양을 강조하는 무슬림 학문의 본질적인 성격을 들여다볼 수 있다.

이런 무슬림 문화의 지적 풍토 속에서 시와 순문학에서부터 대중오락까지 아우르는 광범위한 문필 문화가 탄생했다. 저명한 철학자인 이븐 투파일(ibn Tufail, ?~1185)은 그라나다 알모하드 궁정의 고관이기도 했는데, 오늘날 우리가 아는 의미에서 최초의 소설을 썼다. 그가 쓴 『하이이 이븐 야크잔Hayy ibn Yakzan』은 외딴 섬에서 이성을 통해 혼자 힘으로 신을 깨닫게 된 한 사람의 이야기로서, 나중에 라틴어로 번역되어 다니엘 디포Daniel Defoe의 『로빈슨 크루소』에 영감을 주었다.

그런데 이 찬란한 업적들은 다 어디로 갔을까? 무슬림 문명의 쇠퇴는 무슬림에게나 비무슬림에게나 당혹스러운 일이다. 기존의 서구 역사에서는 마치 서구 문명의 부흥 및 우월성과 무슬림 문명의 쇠퇴를 필연적인 것으로 가정하고, 무슬림 문명을 비서구 세계의 역사에 뭉뚱그려 퇴보적으로 기술하는 경향이 있다. 그러나 무슬림 문명의 쇠퇴는 그 부흥만큼이나 복잡하다. 이슬람이 탐구 정신을 잃고 내부적으로 부패하면서 쇠퇴하게 된 것은 분명하다. 하지만 식민주의에 더하여 이슬람에 대한 서양의 적대적 태도 또한 무슬림 문명의 몰락에 일정한 역할을 한 것도 사실이다. 이 점에 대해서는 다음 장에서 자세히 살펴볼 것이다.

NO-NONSENSE

무슬림이 발견하고 발명한 것들

대수학	안과학(의학)
(x, y, z 등) 대수학의 변수 기호	페인트
해석 기하학	진자
동물 권리 헌장*	행성 궤도
천문대	공공 대여 도서관
천문표	폐 순환
이항 정리	사회학
카메라 옵스큐라	고차방정식의 풀이
도시의 수용 능력	(물체의) 비중
십진법	구면 기하학
실험적 방법론	수술
유리 제작 기술	수술 도구
건축의 '황금 비율'	기타(악기)
부인과학(의학)	질량 보존 법칙
병원	소설
정신병자 수용 시설	지구의 자전
반사 및 굴절 법칙	뇌막염, 천연두 등 수많은 질병의 치료법
로그(수학)	삼각법
기계식 시계	대학
정수론	

*202쪽, '신실한 신자들이 동물 권리에 대해 남긴 글' 참고.

NO-NONSENSE

6

이슬람과 서구

십자군
식민주의
오리엔탈리즘
이슬람과 서구의 협력

ISLAM

이슬람과 서구의 협력과 공존, 충돌의 역사는 어떻게 흘러왔는가?
이슬람에 대한 서구의 적대적인 태도는 어디에서 비롯되는가?
이슬람 문명 몰락에 서양은 어떤 역할을 했는가?

NO-NONSENSE
06

이슬람과 서구

이슬람과 서구 세계 사이의 적대 행위 및 노골적인 충돌의 역사는 길고도 복잡하다. 그 가운데 이슬람을 특정한 방식으로 묘사하고 재현하면서 통제하는 '오리엔탈리즘Orientalism' 이 발생하기도 했다. 하지만 이슬람과 서구 사이의 이면에는 그에 못지않게 긴 협력과 공존의 역사가 숨어 있다.

십자군

이슬람은 처음 시작될 때부터 기독교 세계에 세 가지 차원의 '문제'를 제기했다. 하나님의 아들이 십자가에 못 박혀 죽고 부활한 지 6백 년이 지난 후에 아랍인 선지자에게 새로운 계시가 내려졌다면, 도대체 그 목적은 무엇인가? 이슬람에는 이 신학적인 차원의 문제에 대응하는 것이 없다. 이슬람의 교리 안에는 기독교 신앙을 일부분 인정하는 내용이 들어 있기 때문에, 기독교는 이슬람에 별 문제가 되지 않았다. 2대 칼리프인 우마르의 시대 이래로 무슬림은 기독교 교회를 계속 유지하도록 허락하고 기독교 신앙과 제도의 생존에 필요한 모든 보장을 해 주었다. 둘째로 유럽의 경계에 무슬림의 강력한 군사력이 버티고 있다는 사실은 정치적 차원의 문제를 제기했다. 셋째로 특히 압바스 왕조 이후, 이슬람 문명이 눈부신 학문적 업적을 이룩하면서 지적인 차원의 문제 또한 제기되었다.

이슬람이 제기한 문제에 대해 유럽은 십자군으로 대응했다. 십자군 전쟁은 11세기 말부터 13세기까지 거의 2백 년에 걸쳐 잇따라 벌어진 종교전쟁을 가리킨다. 11세기 말경, 이미 1071년에 예루살렘을 장악한 소아시아의 셀주크가 비잔틴 제국을 위협하자, 비잔틴의 알렉시우스 1세는 교황 우르바누스 2세에게 사절을 파견하여 군사 지원을 요청하였다. 이에 우르바누스 2세는 1095년, 클레르몽 공의회에서 연설을 했다. 우리는 우르바누스 2세가 이 자리에서 실제로 뭐라고 말했는지 알지 못하지만, 그의 말이 청중들의 심금을 울렸다는 것은 알고 있다. "그는 무장하고 예루살렘까지 순례를 감내하는 이들은 동방의 기독교 형제들에게 구원을 가져다줄 뿐만 아니라, 영적인 공덕을 쌓고 낙원에서 자리를 얻게 될 것이라고 선언했음이 분명하다. 사실 순례, 성전聖戰, 기독교에 대한 위협, 예루살렘의 신성한 유적 등은 새로운 것이 아니었다. 교황이 한 일은 이들 모두를 하나로 묶어서 서유럽 기사도의 순진하고 경건한 신앙심을 혹할 만한 방식으로 들이민 것이다."[1] 그래서 기사와 농민, 승려와 아이들은 예루살렘으로 행진을 시작했던 것이다.

1차 십자군은 1095년부터 1099년까지 4년간 계속되었다. 최초의 십자군 부대를 이끈 사람들은 프랑스와 독일의 농부들이었다. 그들은 유럽의 유대인들을 학살하면서 예루살렘으로 가는 첫발을 디뎠지만 정작 무슬림 군대에는 쉽게 무너지고 말았다. 곧이어 두 번째로 부이용Bouillon의 고드프리Godfrey가 대규모 군대를 지휘하며 출정했는데, 1099년 예루살렘을 점령했다. 수천 명의 무슬림과 유대인이 살육되고 로마 가톨릭계 예루살렘 왕국이 세워졌다. 1차 십자군의 성공으로 정치적, 경제적 이익이 전면에 등장하였으며, 이후 십자군 원정에는 종교전쟁과 정복 전쟁의 개념이 혼재되었다. 프랑스의 루이 7세와 독일의 콘라드 3세가 이끈 2차 십자군(1147~1148)은 다마스쿠스 점령을 목표로 삼았지만 이는 실패로 돌아갔다. 오히려 무슬림들은 이에 자극받아 살라후딘 알-아이유브(살라딘)의 지휘로 1187년 예루살렘을 탈환하였다. 십자군과 대조적으로 살라후딘은 이 도시에 거주하는 기독교도들을 존중하고 품위를 지켜 대우해 주었다. 신성로마제국 황제인 프레데릭 1세와 영국의 사자왕 리처드 1세가 이끈 3차 십자군(1189~1192) 역시 실패로 돌아갔다. 하지만 원정은 계속되어 1270년의 8차 십자군까지 이어졌고, 심지어 '어린이 십자군(1212)'까지 등장하였다. 이 어린이들 대부분은 예루살렘까지 가는 도중에 죽었고 살아남은 아이들은 노예로 팔려 갔다.

 십자군은 오늘날까지 유럽인들의 뇌리에 끈질기게 남아 있는 이슬람과 무슬림의 이미지에 커다란 영향을 끼쳤다. 이렇게 오로지 이슬람에 대한 증오와 자발적 무지에 근거한 스테레오타입을 용의주도하게 구축한 목적은 바로 십자군 정신을 선전하고 유지하기 위해서였다. 선지자 무함마드에 대한 믿을 수 없는 이야기들이 유럽 전역에 나돌며 인기를 끌었다. 아프리카와 동방의 교회들을 파괴한 마술사라는 등, 난교亂交를 선전하며 새로운 개종자들을 유혹했다는 둥, 돼지 떼 사이에서 발작을 일으키다 죽었다는 둥, 무슬림은 피에 굶주렸으며 방탕하다는 등의 이야기가 떠돌았다. 온갖 전기, 서사시, 수난극, 무훈시(chansons de geste, '영웅적' 행위를 찬양하는 시나 노래) 등은 이슬람과 무슬림을 어둡게 묘사하였다. 중세에 유행한 프랑스의 서사시로 가장 오래된 무훈시 중 하나이기도 한 '롤랑의 노래The Song of Roland'에서는, 무슬림을 세 잡신의 삼위일체를 숭배하는 이교도로 묘사하고 있다. 학자와 작가들은 선지자 무함마드를 '악마의 화신'이라는 뜻의 '머하운드Mahound'라고 바꾸어 부르곤 했다. '롤랑의 노래'는 이렇게 시작한다.

    우리의 위대하신 황제, 샤를르 왕께서
    스페인에 머무신 지 장장 일곱 해.
    그 오만한 땅을 정복하시며 바다에까지 이르셨도다.
    감히 저항하는 성 더 이상 없으니,
    깨뜨릴 성벽도 요새도 더 이상 없으되,
    오직 사라고사만이 험고함에 의지하여 버티도다.
    마르실 왕이 그곳에 웅거하니,
    그는 하나님을 혐오하는 자로다.
    그가 마호메트를 섬기고 아폴린에게 간구하니,
    장차 닥쳐올 액운을 무슨 수로 피하리오!

    (이 부분의 번역은 『롤랑전』(이형식 옮김, 궁리, 2005)을 참고했다. 옮긴이)

이 서사시를 한 꺼풀 벗기면 거기에는 '사라센 인'들의 세계가 기독교 세계의 거울 이미지라는(기독교 세계와 정확히 같은 식으로 구축되어 있으면서 도덕적인 의미에서는 완전히 전도된 세계라는) 가정이 암암리에 놓여 있다. 그러므로 용맹한 사라센 인들이 만약 기독교도였다면 이상적인 '슈발리에(chevalier, 기사)'가 되었을 것이다. 영웅인 롤랑은 숨을 거두면서 그의 영혼을 스스로 대천사의 손에 맡긴다. 하지만 사라센 인인 마르실이 숨을 거둘 때는 '기운 찬 악마들'이 와서 그의 영혼을 억지로 빼앗아 간다. 이런 이미지에 힘입어 이슬람은 유럽 인들의 의식 속에 사악하고 폭력적인 종교로 깊이 새겨졌다.

십자군은 식민주의를 예고하는 때 이른 전조였다. 예컨대 스페인에서는 기독교 왕국이 무어 술탄 왕조에 대해 전쟁을 일으켜 비기독교 주민들을 땅에서 몰아냈다. 새로 정복한 영토는 새로 주민으로 유입한 기독교 식민주의자들의 차지가 되었고, 토지 이용 체계도 임의로 바뀌었다. 새로 획득한 영토에서 떠나지 않은 과거의 주민들은 기독교로 개종해야 했는데, 확장한 스페인 영토 내에서 온전한 시민권을 얻으려면 그것만이 유일한 길이었다. 이 이데올로기는 신세계로 수출되어 미국 내 유럽 정착민 식민지의 모델이 되었음은 물론, 떠오르는 유럽 제국의 초석이 되었다.

식민주의

무슬림 세계에서 유럽 식민주의는 '재정복reconquista'이라는 운동과 더불어 시작되었다. 이는 포르투갈과 스페인에서 무슬림이 지배하는 영토를 몰아내는 움직임이었다. 이는 처음부터 이데올로기적 운동으로 시작되었으며, 유럽인들은 이를 명백히 문명의 충돌로 받아들였다. '재정복'은 또 다른 형태의 십자군이었고, 성지를 무슬림의 지배로부터 탈환하려는 유럽의 군사 원정과 마찬가지로 교황은 교서를 통해 뒷받침하였다.

유럽 전역에서 포르투갈과 스페인의 국경 전쟁에 참가하기 위해 기사들이 모여들었다. 포르투갈은 1249년 알가르베의 파루 지방을 점령하면서 재정복 사업을 완료했다. 포르투갈의 재정복 전쟁에 참여한 사람들 중 잉글랜드의 공작인 곤트의 존(John of Gaunt, 애초에 그는 성지로 가는 십자군에 참여할 작정으로 출발하였다.)이 포르투갈과 맺은 결혼 동맹은 그 후로도 오랫동안 지속되어, 나중에 영국이 인도의 뭄바이(과거의 봄베이)를 차지하는 계기가 된다. 뭄바이는 포르투갈의 공주 캐서린 브라간자Catherine Braganza가 영국의 찰스 2세와 결혼할 때 가지고 온 지참금이었다.

팽창을 향한 포르투갈의 탐욕은 그칠 줄을 몰랐다. 14세기에 포르투갈의 왕들은 모로코와 그라나다를 정복할 요량으로 교황에게 다섯 차례나 십자군 교서를 내려 줄 것을 요청하였다. 이 교서들은 우르바누스 2세가 제창한 논리의 연장선상에서 유럽의 팽창 이데올로기를 정당화해 주었다. 1452년 교황은 포르투갈의 알폰소 국왕에게 교서Dum Diversas를 내렸는데, 이후에 일확천금을 노리고 탐험 원정을 후원한 모든 유럽 군주들은 여기서 확립된 지침을 십분 활용하게 된다. 이 교서는 "모든 사라센 인과 이

교도와 (…) 그리스도의 적들을 침략하고 수색하고 생포하며 정복하고 굴복시켜" 재산을 빼앗고 그들을 "영구히 노예로 삼을 수 있다."는 허가증이었다. 이 교서를 쓴 교황 니콜라우스 5세는 동로마 정교회(비잔티움)와 친선 관계를 맺고, 팽창 중인 오스만 제국에 대항하여 동방 십자군을 재개하기 위해 심혈을 기울이는 중이었다. 그러나 이듬해인 1453년 콘스탄티노플이 오스만 제국의 수중에 떨어졌고, 니콜라우스는 유럽을 휘저어 제2의 동방 십자군을 일으키는 데 실패했다. 이 일로 공포에 질린 유럽은 성전의 열기에 휩쓸렸고, 그 직접적인 수혜자는 바로 마지막 남은 그라나다의 무슬림 술탄 왕국과 전쟁 중이던 스페인이었다.

1492년, 스페인의 '가장 신실한 가톨릭 군주' 인 페르디난드와 이사벨라의 군대가 그라나다를 함락시켰다. 몇 주 후에 그들은 이탈리아인 탐험가인 콜럼버스에게 대서양 횡단 항해를 허락하는 왕실 보증서를 수여했다. 콜럼버스가 스페인에서 출항한 바로 다음날을 시한으로 스페인에 살던 유대인들은 모두 추방되었고, 그들의 재산과 토지는 몰수되었다. 1502년에는 스페인에 남아 있던 무슬림 주민도 같은 운명을 겪었다. 1493년, 교황 알렉산더 6세가 페르디난드와 이사벨라에게 수여한 교서 Inter Cetera에서도 1452년 교서의 기조를 그대로 유지하여 "모든 야만적인 국가들은 무너져야 한다."는 교황의 소망이 표현되어 있다. 이를 실현하려는 뜻은 한 달 후 토르데실라스 조약 Treaty of Tordesillas을 체결하는 것으로 이어졌으며, 이 조약을 통해 스페인과 포르투갈은 지구상에서 새로 발견된 모든 영토의 탐사 및 소유권을 둘로 나누어 갖게 되었다.

　식민주의가 진행되는 속도나 형태는 식민지나 유럽 국가에 따라 저마다 달랐다. 그래서 식민지 소유와 교역의 통제를 둘러싼 경쟁이 불붙었지만, 이는 유럽 대륙의 경쟁이 지구 전체 차원으로 확장된 것에 불과했다. 식민주의의 역사는 대부분 이들 유럽인의 선입관을 배경으로 쓰여졌기 때문에 식민지 사람들에게 미친 충격과 부작용을 무시해 왔다. 유럽이 필연적으로 부흥할지 여부가 그리 분명치 않았던 긴 시기가 있었지만 이는 유럽이 무슬림 땅으로 밀고 들어가 팽창한 드라마틱한 역사에 가려져 눈에 잘 띄지 않는다. 유럽이 무슬림 세계에 발판을 마련하는 데 성공한 것은 흔히 여기는 것처럼 기술과 산업의 우월성 때문이 아니라, 상당 부분 무슬림 문명에서 받아들인 지식의 결과다. 그리고 유럽 국가들이 그 발판을 유지할 수 있었던 이유는, 그들이 오랜 세월 유지되어 온 복잡 다양한 무역권 안에 새로 들어온 소규모의 일원으로 선선히 받아들여졌기 때문이다.

　인도에 도착한 포르투갈은 즉시 인도양을 영해로 선포하고, 이 안에서 이루어지는 무역은 전부 자국 무장 군함의 단속을 받아야 한다고 선언했다. 대서양을 항해하도록 건조된 포르투갈 선박은 아시아 선박들보다 성능이 뛰어나 대포로 현지 배들을 격침시킬 수 있었기 때문에, 이런 공격적 위협은 효과가 있었다. 포르투갈은 곳곳에 전략적 방어 요충지를 신속히 세우고, 모든 선박은 이들 항구를 통과해야 교역 허가를 얻을 수 있다고 포고하였다. 무허가 선박은 공격을 피할 수 없었다. 포르투갈은 먼저 인도의 고아를 본부로 삼았지만, 그 다음 주요 목표는 말레이시아 반도 서해안의 말라카를 손에 넣는 것이었다. 포르투갈은 향신료 무역의 주요 항구인 이 도시를 1511년에 정복하였다. 말라카는 무역 네트워크의 중심지였으므로, 무슬림 세계의 무역로를 통제하려면 이곳을 꼭 장악해야 했다.

포르투갈과 스페인에 이어 곧 영국, 네덜란드, 프랑스, 그리고 덴마크와 스웨덴 등 기타 소규모 국가들까지 무역과 영토 확장의 교두보를 얻기 위한 경쟁에 뛰어들었다. 1600년과 1602년에 영국 및 네덜란드 동인도회사가 각각 공식적으로 설립되었다. 영국은 아시아에서 포르투갈과 스페인의 지배권에 도전하여, 결국 이들을 밀어내고 페르시아만에서부터 인도 대륙과 말레이시아, 아프리카 일부까지 지배하는 식민 강국이 되었다. 네덜란드는 인도네시아 군도의 지배자가 되었고, 프랑스는 북·서아프리카와 인도차이나에서 지배권을 행사했다. 17세기 이후로 유럽에 문호를 개방하면서 뒤늦게 분발한 러시아도 코카서스에서 중앙아시아로 식민지 팽창을 시작했다.

유럽 식민주의의 급변하는 움직임은 무슬림 세계에 여러 면에서 충격을 주었다. 십자군의 기풍에서 기인한 식민주의 이데올로기는, 무슬림 문명이 야만적이고 전제적이며 서구 문명을 적대시하고 화해의 여지가 없을 정도로 호전적이라는 인식에 뿌리를 두고 있었다. 객관적으로 보았을 때 유럽이 최소한 무슬림 세계보다 세련되거나 학문이 발달하거나 기술이 타고나지 않았음이 사실임에도, 16세기와 17세기 유럽 문헌을 보면 무슬림 문명이 퇴

폐적이고 미신에 빠져 있으며, 예전의 영화는 빛이 바랬고 특히 여성에 대한 대우에 문제가 있다는 내용이 반복해서 거론된다. 오스만 제국이 발칸 반도로 팽창하고 비엔나 초입까지 포위해 들어가는 등 무슬림의 힘이 유럽을 직접적으로 위협한 사실은, 아프리카와 아시아의 무슬림 가운데 유럽 제국을 확립하는 구실이 되었다. 유럽은 산업혁명 이전까지 아시아의 생산적·기술적 잠재력을 따라잡지 못했다. 산업혁명 또한 유럽 국내 경제에는 보호주의 정책을 적용하면서 아시아 식민지의 산업 잠재력을 고의적으로 파괴하고, 이를 유럽 산업을 보조하는 자원 생산 기지로 일제히 전환시킴으로써 비로소 이루어진 것이다.

  인도, 인도네시아, 말레이시아, 중앙아시아, 모리타니, 세네갈은 초기에 유럽의 교역 거점이었다가 서서히 완전한 식민지로 탈바꿈한 지역들이다. 알제리와 튀니지는 침략을 당해서 공식 식민지로 강제 편입되었다. 모로코는 온전히 공식적인 식민지가 되지는 않았지만 여러 유럽 열강과 미국의 끊임없는 간섭을 받다가 결국 프랑스의 공식 '보호령'이 되었다. 아프리카 내륙은 일찍이 해안 지역에서 유럽인들이 자행한 활동(노예무역)의 불안정한 여파로 오랜 세월 고통을 겪었지만 본격적인 식민지 간섭은 상당 기간 피할 수 있었다. 하지만 1880년대 열린 베를린회의 이후, 열강들의 '아프리카 쟁탈전' 또한 결국 일단락되기에 이른다.

  이 회의에서 아프리카 대륙은 몇몇 유럽 열강들의 식민지로 분할되었다. 각 열강들이 식민지를 획득하는 데는 소위 '과학적' 목적 혹은 선교 목적의 탐험이 큰 역할을 했다. 나일 강의 수원을

'탐색'하려는 '과학적' 호기심이 결국 동아프리카에서 영국이 식민지를 차지하는 데 선구가 되었고, 프랑스가 통북투를 '발견'하는 데 성공함으로써 서아프리카를 차지하는 길을 연 것이다. 1638년 이래로 세네갈에 안주하고 있던 프랑스는 말리, 부르키나파소, 니제르, 차드 등 무슬림이 주를 이루는 사바나 지역으로 팽창해 나갔다. 그들은 또 '아프리카의 뿔'이라고 부르는 동북부 지역에서 프랑스령 소말리아와 모가디슈를 공식 식민지로 획득하였다.

영국은 나이지리아 해안에서 현대의 나이지리아 북부인 무슬림 지역으로 팽창하였고, 수단, 케냐, 탄자니아, 잔지바르, 소말리아 일부 등 동아프리카 지역의 식민지를 확보하였다. 영국은 또 이집트에서 패권을 장악하여 인도로 통하는 길목에 놓인 수에즈 운하의 이권을 점유하고자 하였다. 19세기 예멘, 오만, 기타 페르시아만 연안 국가에 영국 군이 주둔한 이유도 이 때문이다. 19세기 말까지 식민 지배에서 형식적으로라도 독립을 유지한 나라는 아프가니스탄, 페르시아 사파비 왕조, 오스만 제국뿐이었다. 하지만 명목상 오스만 제국과 페르시아에 속했던 여러 지역은 유럽의 상당한 영향권 아래 놓여 내정을 간섭받았다.

● 잔지바르Zanzibar—탄자니아 연안에 있는 섬이다. 아라비아 반도와 아프리카 동쪽 연안 중계무역에서 범선 기항지로 쓰였다. 잔지바르는 페르시아어 잔지(Zanzi, 흑인)와 바르(bar, 사주 해안)의 복합어로 '검은 해안'을 뜻하는 말이다. 고대 아랍인들이 여기에 무역항을 건설했으며, 1107년에 이슬람 사원이 건립되었다. 1964년 1월 혁명까지는 아랍인 술탄의 왕궁 소재지였다. 노예시장의 유적, 술탄의 왕궁, 이슬람 사원, 영국 탐험가 리빙스턴의 집, 성공회 성당 등이 지금도 남아 있다.

15세기 초부터 1차 대전까지 지속된 식민주의로 인해 무슬림 세계는 새로운 분열, 언어의 단절, 경제적 혼란, 천연자원의 추출을 위주로 한 낯선 형태의 경제 발전을 경험하였다. 이는 민간 행정, 사회 문제, 교육 등에 영향을 미치고 지식 사회를 파괴하였다. 식민주의가 현지의 경제와 사회를 붕괴시킨 방식은 제각각이지만, 시종일관 비슷한 결과로 귀결되었다.

  경제적인 측면을 예로 들면 오늘날까지 끈질기게 남아 있는 한 가지 패턴이 확립되었다. 인도네시아에서 네덜란드는 온갖 가혹한 수단을 동원하여, 노예노동으로 운영되는 자신들 소유의 플랜테이션 농장에서 향신료 생산을 독점하였다. 이 과정에서 그들은 지역 주민들이 네덜란드 인이 소유하고 운영하는 플랜테이션에서 일자리를 구할 수밖에 없도록, 말루쿠(몰루카스) 군도의 할레메라 섬에서 향신료가 되는 나무를 모조리 파괴해 버렸다. 환금작물만을 생산하는 플랜테이션은 면화, 커피, 나중에는 고무에도 도입되어 식민지 세계에 존재하는 유럽 기업의 일반적인 패턴이 되었다.

  고무 붐이 인 19세기 후반까지만 해도 말레이시아 반도의 말레이 인 소자작농들이야말로 가장 효율적인 생산자였다. 하지만 타밀 인 노동자를 수입해서 일을 시키는 영국인 소유의 대규모 플랜테이션과 경쟁하는 과정에서 이들의 시장 진입은 조직적으로 차단되고 만다. 프랑스의 침략 이후 알제리에서는 최상의 농경지가 프랑스 인을 가리키는 피에-느와pieds-noirs들에게 할당되었다. 이집트의 맘루크 정부는 새로운 환금작물에 투자하고 관개시설과 철도 등 지역 기반 시설을 세워 경제를 재건하려고 노력하는 한편, 오스만 제국으로부터 자율권을 얻어 내려고 애쓰면서 자신들의 권리를 주장하였다. 유럽의 은행들은 이 사업에 열성적으로 자본을 대어 결국 이집트 정부는 심각한 채무 부담을 안게 되었다. 그 빚의 상당 부분은 수에즈 운하를 건설하고 그 소유권과 운영권을 외국 기업에 빌려 주는 과정에서 초래된 것이었다. 또 면화 생산과 몇몇 환금작물에 의존함으로써 이집트의 국가 경제는 하루가 다르게 변동하는(특히 영국 섬유 산업의 수요와 연동된) 세계시장 가격에 종속되기에 이른다. 그로 말미암아 채무 위기가 발생하자 결국 영국이 수에즈 운하의 주식을 대부분 사들이고, 유럽 열강들이 이집트 경제를 통제하게 되었다. 이집트는 재편된 계획대로 채무를 재상환하는 모든 의무를 준수했지만 경제와 사회에 대한 외국의 간섭은 점점 더 심해졌고, 지역 곳곳에서 저항과 소요가 일어나기에 이르렀다. 여기에 더해 영국과 프랑스는 이집트 개혁 과정의 일환으로 도입한 민주주의 제도를 훼손하는 데 기여했으며 이는 소요에 더욱 기름을 끼얹었다. 1882년 영국은 이집트를 침공하여 반란군을 진압하고 잇달아 꼭두각시 정권을 세웠다. 이로써 이집트는 공식적으로는 독립국이면서도 실제 권력은 영국 군을 등에 업은 영국인 관리와 영사의 손에 들어가게 된다.

식민 권력은 또 무슬림 세계의 학문과 교육 구조를 파괴하는 데 의식적으로 힘을 기울였다. 대학과 학부를 조직적으로 폐쇄하고, 이슬람 의료는 법으로 금지하였으며 이슬람 과학은 미신과 독단에 불과하다고 선전하였다. 네덜란드는 인도네시아에서 무슬림이 고등교육을 받는 것을 금지하였으며, 이 금지 규정은 1950년대까지도 존속하였다. 프랑스는 알제리와 튀니지에서 이슬람 의료 행위에 대해 사형을 선고하였고, 이로 말미암아 수많은 무슬림 의사hakim들이 처형당했다. 인도에서 영국은 지배층과 피지배층 사이에 '중간 매개층'을 만들어 내기 위한 새로운 교육 체계를 수립하였다. 1835년 맥컬리 경은 「인도 교육에 대한 초고Minute of Indian Education」라는 유명한 글에서 이렇게 썼다. "우리는 지금 우리와 수백만 피통치민 사이에서 통역자 역할을 할 수 있는, 혈통과 피부색은 인도인이되 취향, 견해, 윤리, 지성에 있어서는 영국인인 사람들로 구성된 계층을 형성하기 위해 모든 노력을 경주해야 한다."[2] 이와 비슷한 사례는 얼마든지 더 들 수 있다.

식민지 개입의 영향력이 증대한다는 것은 유럽의 법률과 규범을 가지고 현지 무슬림 주민의 삶을 통제한다는 뜻이었다. 식민화된 무슬림 세계에서 이슬람 법의 적용 범위는 개인과 가정사 등 한정된 영역으로 축소되었다. 이러한 변화는 무슬림 종교 학자인 울레마ulema의 교육과 역할에 중대한 영향을 끼쳤고, 유럽의 간섭이 시작되면서 비로소 대두되기 시작한 전통 보존 패러다임을 더욱 강화하는 구실을 하였다. 이슬람은 식민 침략에 반대하는 여러 저항 운동의 효과적인 구심점이 되었다.

이슬람을 방어하자는 운동은 대중이 인정하는 기존의 권위, 의문의 여지가 없는 전통으로 돌아가자고 외칠 때 가장 큰 효과를 발휘했다. 외부의 압박은 전통의 화석화를 더욱 부추기고 강화했다. 이슬람이 주변화되어 개인과 가정 영역 속에 갇힐수록, 현대의 삶에서 제기되는 절박한 질문을 이슬람의 세계관에 면밀히 적용할 수 있는 힘은 점점 퇴화해 갔다. 무슬림 교육은 좁은 의미의 종교 연구에 한정되어 재규정되었고, 유럽 패권의 지배하에 만들어진 근대적 부문과 주변화된 전통적 부문 사이의 괴리는 점점 커졌다. 이 현상은 처음에는 표면적인 변화처럼 보였지만 서서히 명백한 현실이 되어 갔다. 무슬림 사회의 내부 흐름은 소위 전통적 이슬람을 재정의하고 굳히는 과정에서 전통과 현대 사이의 구별을 강화하는 쪽으로 작용하였다.

오리엔탈리즘

식민주의에 힘입어, 중세에 이슬람과 무슬림을 묘사하고 재현하기 위해 동원되었던 주된 관념들이 다시금 생명력을 얻고 부활하였다. 유럽에서 '지리상 발견의 시대'라고 부르는 시기에, 이슬람에 대한 재현은 일관된 구조를 띠고 인류학과 정치학 같은 새로운 분야를 통해 유럽 학문의 일부분으로 통합되었다. 서구 문명은 이들 전통 및 학문을 통해 이슬람과 무슬림을 재현하고 인식하였는데, 이를 일러 '오리엔탈리즘'이라고 한다.

이 용어를 유행시킨 사람은 저명한 팔레스타인 인 학자인 에드워드 사이드지만, 이 단어는 1978년에 그의 저서 『오리엔탈리즘 Orientalism』이 출간되기 오래 전부터 존재해 왔다. 사이드는 18세기와 19세기 식민주의 문헌에 등장하는 관습적 표현 속에서 일관

성 있는 어떤 관념들의 집합, 즉 문화적 제국주의의 코드를 발견했다. 서양은 이 코드에 따라서 자신들이 동양을 보는 관점을 마치 사실인 양, 중립적이고 객관적인 학문을 통해 파악할 수 있는 동양의 본성인 양 묘사하고 제시하였다. 사이드는 넓은 의미에서 오리엔탈리즘이 '동양(오리엔트)'과 '서양(옥시덴트)' 사이의 존재론적, 인식론적 구분에 근거한 하나의 사고 양식으로서, 고대까지 거슬러 올라가는 역사를 지닌다고 설명하였다. 이것은 "동양을 지배하고 개조하며 위압하는 특정한 서구적 양식"이다. 오리엔탈리즘은 "동양을 서양의 학문, 서양의 의식, 그리고 나중에는 서양의 제국 속으로 이끌고 들어오는 집합적 힘으로 이루어진 재현 체계"를 이용한 "집단적 기획"이며, "서구 유럽의 경험 속에서 동양이 차지하는 특별한 위치에 근거하여 서양이 동양과 관계하는 방식"이다.[3]

사이드는 오리엔탈리즘 개념의 기원을 서술한 것이 아니다. 이미 보았듯이, 이 개념의 기원은 역사에서 훨씬 과거로 거슬러 올라간다. 사이드의 개념은 여러 사람들이 기록으로 남긴 특정한 관념의 집합이 역사 속에서 입에서 입으로 전달된 과정을 살펴보는 가운데 비로소 구체적인 모습을 띠고 드러난다. 예를 들어 우마이야 조의 칼리프인 야지드의 벗이었던 기독교 학자 다마스쿠

에드워드 사이드 Edward Said, 1935~2003
예루살렘에서 출생하여 미국에서 활동한 팔레스타인 영문학자이자 문화비평가이다. 동양에 대한 서양인들의 사고, 인식, 표현이 동양에 대한 신비롭고 열등한 이미지를 만들어 내어 식민주의를 뒷받침했음을 밝힌 명저 『오리엔탈리즘』, 『문화와 제국주의』 등의 저서로 20세기 후반의 문화, 정치, 사회 모든 분야에 매우 큰 영향을 끼쳤으며, 탈식민주의의 선구자로 불린다. 옮긴이

스의 존(John of Damascus, 748년경)의 논박에서부터 시작해 보자. 그는 이슬람이 이단 종교이며 선지자 무함마드는 타락하고 방탕한 인간이라고 선언했다. 그 다음으로 우리는 십자군을 자극하고 설명하고 정당화하기 위해 고안된 선전이나 대중 문학으로 옮겨 갈 수 있다. 그런 다음 식민지 시기에 학자, 여행가, 작가(합쳐서 '오리엔탈리스트')들이 쏟아낸 방대한 양의 문헌으로 옮겨 갈 수 있다. 이들 문헌을 보면 무슬림은 호전적이고 야만적인 미치광이이자 타락하고 나약한 색정광으로서 서구에 비해 확연히 열등한 모습으로 묘사되었고, 무슬림의 땅은 성적性的 모험을 추구하는 이들의 안식처로 그려지고 있다. 이들 오리엔탈리스트 중에는 서구 문명에서 각 분야에 걸쳐 가장 존경받고 저명한 인물들까지 포함되어 있었다.

이슬람을 전문적으로 연구하여 무슬림에 대한 인종주의적 관념에 지적 권위를 부여하는 데 주된 역할을 수행한 학자들로는 옥스퍼드 대학의 아랍어 초대 교수를 지낸 영국인 에드워드 포콕 Edward Pocock과, 18세기의 역사학자로 『사라센 인의 역사 History of Saracens』를 쓴 사이먼 오클리 Simon Oakly, 가장 일찍이 『꾸란』을 번역한 사람 중 한 명인 조지 설 George Searle 등이 있다. 그들 작업의 주된 테마는 이슬람에 대한 증오와 노골적인 공격이었다. 케임브리지 대학의 아랍어 교수직은 1632년에 신설되었는데, 윌리엄 베드웰 William Bedwell이 역임했다. 베드웰의 전기 작가는 이렇게 썼다. "베드웰이 기회 있을 때마다 이슬람에 대해, 심지어 사전에까지 써서 내뱉은 이유 없는 독설은 그 수위만 보아도 인상적이다. 그는 자신이 집필한 책의 초판 제목을 『사기꾼 모하메디스Mohammedis Imposturae』, 재판 제목을 『가면을 벗은 마호메트 Mahomet Unmasked』라고 지었으며, 「신성모독의 색마 모하메드의 다양한 허위, 기만, 소름끼치는 불경의 발견 — 저주받은 꾸란에 담긴 그의 법칙의 결점에 대한 논증」이라는 제목을 반복해서 붙였다."

하지만 이런 독설을 내뱉은 것은 이슬람 학자들뿐만이 아니었다. 볼테르, 몽테스키외, 볼네이Volney, 파스칼 등 수많은 계몽사상가들에게서도 똑같은 특징을 찾아볼 수 있다. 그리고 헤겔, 폰 랑케, 에르네스트 르낭, 오스발트 슈펭글러 같은 철학자들도 이에 지지 않고 이슬람이 완전히 사고와 학문을 결여했음을 입증하기 위해 노력하였다. 심지어 칼 맑스도 무슬림에 대해 험담과 노골적인 인종주의 발언을 한 바 있다. 『아라비안나이트』를 번역한 리처드 버튼Richard Burton, 『아라비아 사막 여행Travels in Arabia Deserta』이라는 책을 쓴 찰스 도티Charles Daughty, 1834년 『현대의 이집트Modern Egypt』라는 책을 쓴 레인E. W. Lane 같은 탐험가들도 서구의 이슬람 재현에 이국적인 덧칠을 하는 데 한몫 했다. 그들은 마술과 비술로 가득 찬 보물의 집, 천문학과 연금술, 대마초와 아편, 뱀 부리는 사람, 곡예사, 거리의 댄서, 동성애 소굴, 그 어떤 성적 충동도 만족시킬 만반의 준비가 된 여자들, 초자연적 신앙, 상상을 초월하는 기괴한 사건들에 대해 줄줄이 묘사했다. 장-오귀스트 도미니크 앵그르와 앙리 르노Henri Regnault에서 외젠 들라크루아에 이르는 유명한 화가들은 야만적인 무슬림 남자들과 감각적이고 유혹적이며 수동적인 무슬림 여자들을 캔버스에 배치한 '오리엔탈리스트 회화'라는 장르를 발전시켰다. 이집트의 크로머 경Lord Cromer이나 일명 '아라비아의 로렌스'로 알려진 로렌스(T. E. Lawrence, 실제로 그는 영국 스파이였다.) 같은 식민지 행정가들은 이러한 이미지와 재현물을 정책에 반영하였다.

따라서 오리엔탈리즘은 삶의 거의 모든 측면과 관련된 광범위한 기획이었다. 이는 식민주의를 정당화하는 논리(왜 이 지역의 무슬림 통치자들과 주민들은 이곳을 점유하고 소유할 자격이 없는가?)를 제공했음은 물론, 식민지 피지배민들을 관리하고 통제하는 전략으로 기능하였다. 이는 단순한 무지에 기인한 것이 아니었다. 영국 학자 노먼 대니얼스Norman Daniels가 지적했듯이, 대상을 다르게 파악하는 방법이 얼마든지 있는데도, 그것을 완전히 터무니없는 식으로 규정해 버리는 '박식한 무지knowledgeable ignorance'였다. 오리엔탈리즘은 무슬림을, 이해할 수는 없어도 예측할 수는 있는 존재로 만들어 권위를 획득했다.

그러나 오리엔탈리즘은 과거에만 존재했던 것이 아니다. 이것은 오늘날에도 지속되고 있으며, 십자군과 식민주의 시대와 마찬가지로 엄연히 살아 있다. 오리엔탈리즘의 기본 코드와 구조는 대중매체는 물론 학술 서적에서도 찾아볼 수 있다. 이는 영화 속 악당의 얄팍한 캐릭터에서부터 전략적, 정치적 사고에 이르기까지 다양한 출구를 통해 표현된다. 우리는 무슬림을 단순한 테러리스트를 넘어서 인간성이라고는 찾아볼 수 없는 존재로 묘사한 〈파이널 디시전Executive Decision〉이나 〈룰스 오브 인게이지먼트

Rules Of Engagement〉 같은 영화 속 액션 가운데서 오리엔탈리즘을 엿볼 수 있다.(203쪽, '오리엔탈리즘이 나타난 영화들' 참고) 또 우리는 '난민 문제' 같은 이슈를 다룬 우익 신문의 보도에서, 그리고 1989년 출간되었을 때 무슬림 사이에서 큰 소란을 불러일으킨 살만 루시디의 『악마의 시 The Satanic Verse』 같은 소설 속에서 오리엔탈리즘을 읽을 수 있다. 이런 관념은 무엇보다도 서구 국가의 보통 사람들 사이에서 비무슬림과 무슬림 간의 관계를 방해하고 제한하며 이들 사이에 격렬한 공포와 불안을 조성하고 있다. 영국, 유럽, 북미의 마을과 도시에서 인종주의는 비단 불쾌하고 극단적인 과격파의 태도와 행동에만 존재하는 것이 아니다. 선의를 지닌 분별 있고 친절한 사람들의 일상적인 태도 속에도 차별이 은연중에 배어 있다. 잔학했던 미국 9·11 테러 이후에 아랍인과 무슬림을 악마로 몰아붙이는 경향에도 오리엔탈리즘의 전형적 특징이 고스란히 녹아 있다.

하지만 다행히도 이슬람과 서구의 관계가 갈등, 적대, 불신으로만 점철된 것은 아니다. 둘 사이에는 그에 못지않게 두드러진 협력의 역사 또한 존재한다.

이슬람과 서구의 협력

십자군 기간 동안 무슬림과 유럽인 사이의 접촉이 적대적이었던 것만은 아니다. 십자군 중에는 무슬림의 땅에서 풍부한 지적 자극을 받고 필사본을 가득 싣고 돌아온 이들이 적지 않았다. 12

세기와 13세기의 첫 번째 르네상스 시기, 즉 성 토마스 아퀴나스와 로저 베이컨 같은 철학자들의 시대에는 지식과 문헌, 문화가 이슬람에서 유럽이라는 한 방향으로 전해졌다. 유럽의 학생들이 고등교육을 받기 위해 무슬림 학문의 중심지로 찾아간 것도 이 시대였다. 마치 요즘의 무슬림 학생들이 대학원 공부를 하려고 유럽이나 미국으로 가는 것과 비슷하다. 그와 동시에 유럽은 아랍 사상과 학문을 라틴어와 기타 유럽 언어로 번역하는 작업을 시작했다.

15세기 말까지도 유럽에서는 아랍 문헌의 번역이 주된 지적 과업의 하나였다. 이븐 루시드ibn Rushd, 이븐 시나, 알-하이삼 등의 무슬림 사상가들은 따로 라틴어 이름을 갖게 되었고, 유럽의 지적 부흥과 기술 진보에서 없어서는 안 되는 지위를 차지하게 된다. 유럽이 이성이라는 개념 자체와, 이성을 사용하여 추론하는 방법을 배운 것은 바로 이슬람으로부터였다. 그리스 철학, 경험적 방법론, 수학의 상당 부분, 나아가 대학을 설립하고 공공 도서관을 세우고 병원을 운영하는 방법까지도 이슬람에게서 배웠다. 유럽이 낳은 최고의 가치라 할 수 있는 자유주의적 인본주의 또한 이슬람에서 온 것이다. 요약하면 이슬람은 유럽에게 시민적 문화와 문명의 참된 의미를 가르쳐 준 셈이다.

두 문명의 가장 빛나는 협력 사례는 바로 무슬림 스페인에서 찾아볼 수 있다. 무슬림 스페인은 어떻게 정의하더라도 진정한 다문화 사회였으며, 개인이 학식과 전문 기술이 있으면 권력 있고 명예로운 자리로 올라갈 수 있다. 그러니 전 유럽의 사상가, 학자, 학식 있는 사람들이 연구를 하려고 코르도바, 그라나다, 세비야로 구름같이 모여든 것도 놀라운 일은 아니다. 무슬림 스페인은 이슬람 문명에서 가장 위대한 인물을 여럿 배출했을 뿐만 아니라, 유대인들이 팔레스타인에서 흩어진 이래로 가장 빼어난 지적 활동을 꽃피운 장소이기도 했다.

그중에서도 첫손에 꼽을 수 있는 유대인 철학자는 모쉬 벤 마이몬Moshe ben Maimon인데, 마이모니데스라는 이름으로 더 유명하다. 1135년 코르도바에서 태어난 그는 『미시네 토라Mishneh Torah』를 집필하여 유대교의 교리를 체계적으로 정리했다. 그가 아랍어로 쓴 『당황한 자들을 위한 안내서Guide to the Perplexed』가 유대교에서 차지하는 지위는 가톨릭에서 토마스 아퀴나스의 저서가 차지하는 지위와 비슷하다. 안달루시아의 무슬림들은 마이모니데스를 '유대인' 학자로 보지 않았다. 그는 무슬림 스페인의 지성계에서 없어서는 안 될 존재였으며 무슬림 공동체의 자연스런 일부분으로 받아들여졌다. 11세기에 살았던 유대인 학자 바히아 이븐 파쿠다Bahya ibn Pakuda는 수피 사상에서 지대한 영향을 받았는데, 그 만남의 결과물이 바로 아랍어로 쓰여진 『가슴의 의무를 위한 안내서Guide to the Duties of the Heart』로 유대 공동체 내에서 유명한 책이 되었다. 그와 동시대에 살았던 시인이자 신플라톤주의 철학자 솔로몬 벤 유다 이븐 가비롤Solomon ben Judah ibn Gabirol도 수피즘이라는 사상의 분수에 깊이 심취하였다. 그의 유명한 시 '왕의 관Keter Malkhut'은 죄를 고백하면서 끝을 마무리하고 있어 유대교의 '속죄일Yom Kippur' 예배에 낭송되기도 했는

NO-NONSENSE

영국인 무슬림이 된다는 것

샤밈 미아흐Shamim Miah, 영국 올드햄

무슬림으로서 나의 정체성은 시간을 두고 발전하였다. 그 밑바탕은 올드햄에서 보낸 어린 시절에 형성되었다. 올드햄은 물리적으로나 감정적으로나 변함없는 나의 고향이며, 나는 그곳에서 태어났고 당연히 그곳에서 죽을 것이다.

내가 무슬림으로서 정체성을 '재발견' 한 계기는 유럽을 통해서, 무슬림 스페인에 대해 공부하게 되면서 찾아왔다. 이를 계기로 나는 더욱 나은 시민이 되었고, 무슬림으로서 의식을 지니고 훌륭한 규율과 예절과 에티켓을 갖추게 되었다. 사실 나는 이 경험을 통해 전체적으로 좀 더 나은 인간이 되었다. 학위나 자격도 없이 학교를 포기한 내게 배움과 지식의 갈증을 선사한 것은 바로 이슬람이었다. 바로 그 덕분에 나는, 내가 중등학교 졸업 시험을 칠 능력이 안 된다고 생각했던 선생들이 틀렸음을 입증해 냈고, 석사 과정을 마치고 박사 과정을 시작할 자신감과 원동력을 얻을 수 있었다. 더욱 중요한 것은, 이슬람이 내게 미적 가치를 일깨워 주고 예술과 창조성을 음미하는 법을 가르쳐 주었다는 사실이다. 나의 무슬림 공동체 활동과 환경에 대한 관심과 사회 의식은 모두 이슬람에 깊이 뿌리를 둔 것이다.

나는 이슬람을 낭만적으로 바라보지 않는다. 사실 나는 신앙에 대해 비판적인 질문을 던지면서 오히려 내 신앙에 대해 더욱 자신감을 갖게 되었다. 나는 남아시아나 동남아시아식 이슬람을 유럽에 그대로 이식하는 데 강력히 반대한다. 중국의 후이 족 무슬림들처럼, 나도 유럽의 이슬람 역사를 자신의 뿌리로 삼은 영국인 무슬림이 되고 싶다. 서구에서 이슬람이 생존하는 길은 그것뿐이다. 나와 함께 일하는 젊은 친구들은 남아시아와 아무런 '사회적' 접촉이 없다. 젊고 자기주장이 강한 남녀 무슬림들이 사원에서건 공공 영역에서건 남아시아의 전통적 이슬람 관습에 끊임없이 도전하는 것을 보아도 이 점은 분명하다. 다른 사람에 비해 유달리 자기주장이 강한 이들도 있다. 예를 들어 나는 잠자리에 들 때 전통적인 긴 옷을 벗어 던지고 편안한 할랄 사각 팬티로 갈아입는다.

데, 이 시에서도 이븐 아라비의 반향을 깊이 느낄 수 있다. '콘비벤시아convivencia'란 유대인, 기독교인, 무슬림이 '서로 어깨를 맞대고 산다'는 뜻의 스페인 말인데, 이러한 협력 실험은 장장 8백 년 동안이나 지속되었다.

 유럽은 이 비옥한 협력의 역사를 상당 부분 의도적으로 삭제해 버렸다. 20세기의 저명한 오리엔탈리스트인 몽고메리 와트W. Montgomery Watt는 이러한 행위가 주로 유럽 측의 '열등감' 때문이었다고 지적하였다. 그 '열등감을 보상하기 위해' 이슬람이 지금의 유럽을 형성하고 영향을 끼쳤던 역사를 숨기고 '유럽 인의 이슬람 이미지를 왜곡할 필요가 있었다'는 것이다.[4] 지금이야말로 서구와 이슬람 문명 모두를 위해서, 그 잊혀진 역사를 다시 쓰고 재발견할 때다.

7 개혁 운동

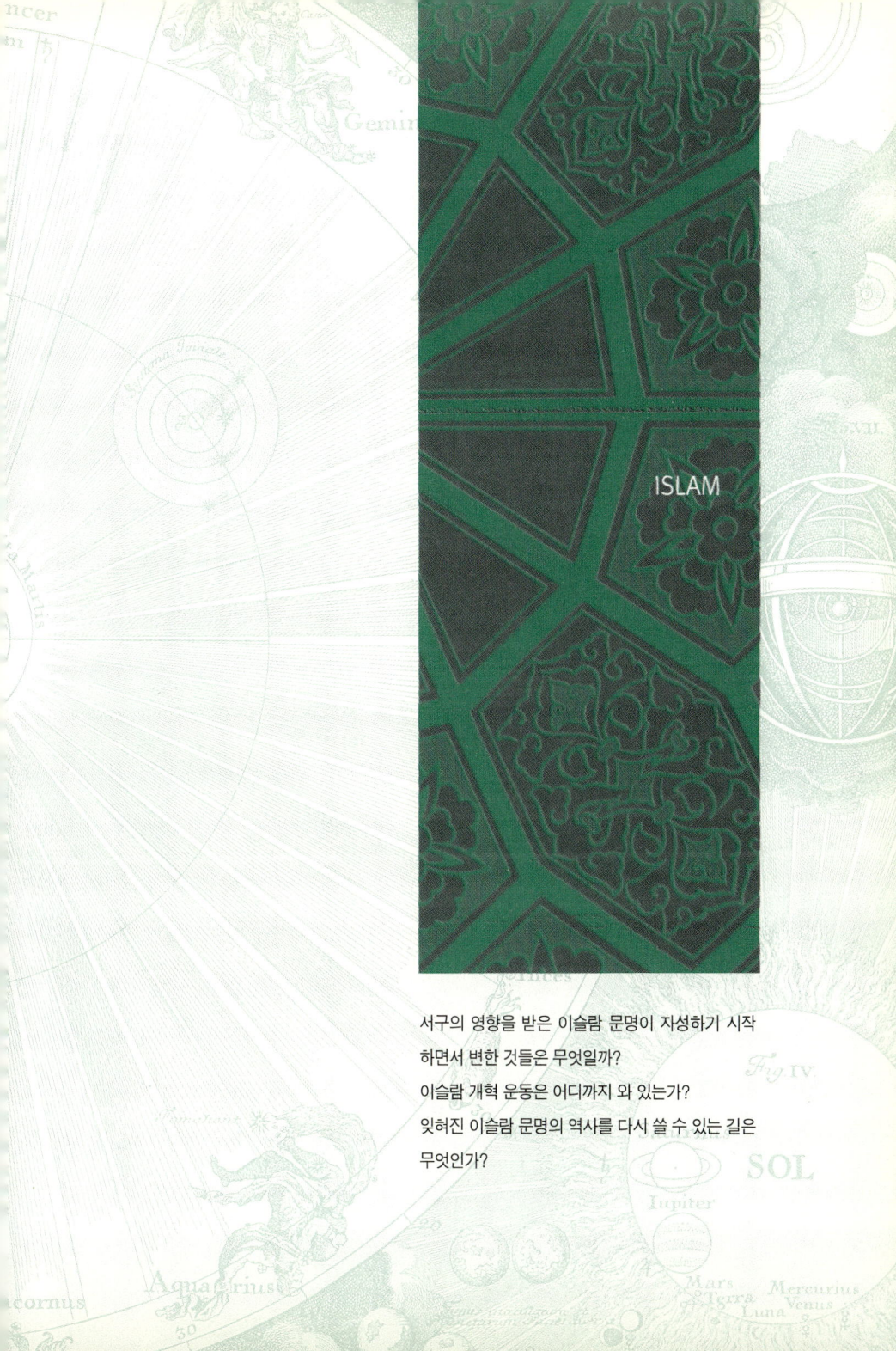

ISLAM

서구의 영향을 받은 이슬람 문명이 자성하기 시작
하면서 변한 것들은 무엇일까?
이슬람 개혁 운동은 어디까지 와 있는가?
잊혀진 이슬람 문명의 역사를 다시 쓸 수 있는 길은
무엇인가?

NO-NONSENSE
07

개혁 운동

무슬림 문명이 쇠퇴하고 유럽의 식민주의가 팽창하면서 무슬림 사이에서는 자기 반성의 움직임이 일었고, 이로 말미암아 수많은 부흥 운동과 개혁 운동이 출현하게 되었다.

무슬림 세계 전체는 식민주의에 완강히 저항했다. 1857년 인도의 세포이 항쟁도 주로 무슬림의 주도로 일어났고, 특히 영국에 대항하여 수많은 전투를 지휘했던 티푸 술탄Tippu Sultan과 하이데르 알리Haider Ali의 이름은 저항의 역사와 긴밀히 결부되어 있다. 인도네시아에서는 주기적으로 네덜란드에 대항하여 반란군이 일어났다. 북아프리카에서 프랑스는 강한 저항 운동에 직면했다. 이는 처참했던 알제리 독립 전쟁(1954~1962)으로 그 절정에 달했는데, 1965년에 프랑스에서 제작된 유명한 영화 〈알제리 전투 Battle of Algiers〉에 잘 묘사되어 있다. 식민주의는 저항 운동도 불러왔지만, 이슬람의 내부 개혁에 중점을 둔 수많은 개혁 운동을 낳기도 했다. 이런 운동들은 근대성 및 전통의 개념과 씨름하면서 무슬림 사회의 재생을 추구하였다.

이슬람의 내부 타락에 주목한 최초의 움직임으로는 무함마드 이븐 압드 알-와하브(Muhammad ibn Abd al-Wahhab, 1703~1787)가 이끈 운동을 들 수 있다. 그는 아라비아 반도에서 서로 적대하는 민족들을 하나로 통합하고, 이슬람의 기본적 순수성으로 돌아가자고 설교하였다. 또 모든 형태의 미신을 타도할 것을 주장하는 글을 썼는데, 특히 성인을 숭배하는 행위는 하나님과 신자 사이에 중재자를 두는 것으로 보고 반대하였다. 그리고 이슬람의 종교적 의무를 엄격히 준수할 것을 강조하였다. 이븐 와하브는 그 정신이나 기질로 미루어 볼 때 유럽 종교개혁의 장 칼뱅과 대응한다고 볼 수도 있다. 둘 다 그의 종교적 가르침에 따라 국가가 형성되었으며 스스로 그 모범이 되었다는 면에서 비슷하다.

이븐 와하브는 에미르 무함마드 이븐 사우드Emir Muhammad ibn Saud가 다스리는 아라비아 네지드 지방(오늘날 사우디아라비아의 리야드를 중심으로 한 지방)으로 가서 자신에게 동조하는 추종자들을 구했다. 이븐 와하브가 이븐 사우드의 딸과 결혼하면서 교리와 정치권력의 동맹이 맺어졌고, 이 동맹은 사막 전투에 화기를 도입하면서 한 걸음 더 내딛었다. 와하브의 교리는 엄격한 종교적 계율을 강조했기 때문에 반대자들을 서슴없이 이단자나 배교자로 간주했고, 그래서 동료 무슬림을 상대로 하여 다른 경우에는 불가능했을 지하드를 선포할 수 있었다. 이븐 와하브의 사후에도 와하비 영토가 계속 팽창하면서, 19세기 전반에 오토만 정부 및 이집트와 충돌을 빚게 된다. 이븐 사우드는 와하브주의 Wahabism를 주된(사실상 유일한) 교리로 하는 사우디아라비아 왕국을 세웠다.

이븐 와하브와 동시대에 살았던 샤 왈리 알라(Sha Wali Allah, 1703~1763)는 인도의 수피학자로서 더 단호한 이슬람 개혁을 주창했다. 그는 이슬람 학문의 모든 분야를 동원하여, 이슬람의 전체 체계를 객관적으로 재고하고자 했다. 그의 사회정의에 대한 강조는 대중적 신비주의와 결합하여 거대한 추종자를 끌어들였다.

서아프리카에서는 우스만 단 포디오(Usman dan Fodio, ?~1817)가 하우사 사회(특정 인종이라기보다는 하우사 말을 쓰는 무슬림을 지칭한다. 옮긴이)의 미신을 배격하고 부패를 공격하며 이슬람 지식을 늘리는 데 주력하는 개혁 운동을 시작했다. 수많은 이슬람 서적을 집필했고 시인이기도 했던 그는 보통 사람들 사이에서 사회정의를 실현하기 위한 운동을 전개했으며, 또 여성의 사회적 역할에 개방적이었으며 여성 교육의 향상에 헌신한 것으로도 주목할 만하다.

하우사의 지배자들은 날로 늘어나는 그의 추종자들을 위협으로 여기고 이들을 박해하는 한편 전쟁을 개시했다. 우스만 단 포디오와 그의 추종자들은 지하드의 이름으로 전쟁을 치른 뒤, 1809년경에는 하우사 왕국들 전체에 권위를 행사하는 소코토 칼리프 체제를 세웠다. 우스만 단 포디오의 사상과 모범은 하우사 왕국들 너머로 퍼져 나가 보르누의 소왕국들, 차드, 말리, 세네갈비아 등 서아프리카 수단 지역 전역에 걸친 부흥 및 개혁 운동에 영향을 끼쳤고, 영국과 프랑스의 팽창하는 식민주의에 대한 저항의 중추가 되었다. 우스만 단 포디오의 저작과 모범은 심지어 자메이카의 노예 주민들에게까지 퍼져 나가, 이곳에서 일어난 주요 노예 반란에 중요한 역할을 했다고도 볼 수 있다.

알제리 사람 무함마드 알리 앗-사누시(Muhammad Ali as-Sanusi, 1791~1859)는 한 발 더 나아간 개혁 운동의 기초를 닦았다. 그가 제창한 '사누시야Sanusiyya' 운동은 와하브주의의 사상에 수피 교단의 비밀스런 관습과 조직을 혼합한 별종이었다. 사누시야는 리비아에서 유럽의 침입에 대한 저항의 선봉에 서면서 유력한 정치·종교 조직으로 떠올랐다. 앗-사누시의 손자인 무함마드 이드리스Muhammad Idris는 나중에 리비아의 왕이 되었다.

무함마드 아흐마드 이븐 사이드 압드 알라(Muhammad Ahmed ibn Sayyid Abd Allah, 1844~1885)도 수피 교단 조직을 통해 메시지를 전파한 개혁 지도자인데, '수단의 마흐디Mahdi'라는 이름으로 더 잘 알려져 있다. 무함마드 아흐마드는 자신이 하디스에서 세상 끝 날에 올 것이라고 예언한, 신의 인도를 받는 지도자 마흐디라고 선언했기 때문이다. 그가 세운 데르비시dervish 교단은 우스만 단 포디오의 교단과 강한 연관을 맺고 있었다. 마흐디와 그의 추종자들은 영국 군의 고든 장군의 부대를 격파하여 잠시 동안 수단에서 영국 지배를 물리치는 데 성공했지만, 1989년 키치너 경이 그 보복으로 몰고 온 군대에 패배하였다.

이처럼 식민지 팽창에 반발하여 일어난 국지적 저항은 무슬림 세계의 각 지역마다 처한 특수한 상황의 영향을 받았다. 그러나 지역을 막론하고 모든 무슬림에게 호소력을 띤 범이슬람 차원의 개혁 운동도 있었다. 이 전 세계적 차원의 운동은 초기 이슬람의 정신으로 돌아가 『꾸란』과 순나를 현대의 시각에 비추어 재해석하자는 주장에 근거하였다. 이런 개혁가들 중 주된 인물로는 자말 알 딘 알-아프가니(Jamal al Din al-Afgani, 1838~1897)와 무함마드 압두(Muhammad Abduh, 1849~1905)가 있다. '길들여지지 않는 천재'라 불린 아프가니는 아프가니스탄에서 태어나 그곳에서 이슬람 종교 교육을 받았고, 18세 때부터 무슬림 세계 전역을 여행하면서 다양한 국지적 저항 운동에 참여하였다. 그는 무슬림들에게, 유럽 패권을 뒷받침하는 사상에 지적으로 대항하라고 촉구하였다. 아프가니는 이집트의 법학자mufti인 압두가 이끄는 세력에 합류하여, 둘이 함께 '살라피야salafiyya' 운동을 전개하였다. 이는 무슬림의 제1세대인 '경건한 조상들al-salaf al-salih'을 모델로 삼아 현대의 무슬림이 처한 곤경을 재검토하자는 사상에 기반한 운동으로, 체계적인 이슬람 개혁 철학으로 정립되어 아랍 무슬림에게 여러 세대에 걸쳐 영향을 미쳤다.

이집트에서 발생한 개혁 운동으로는 '무슬림 형제단Muslim Brothhood'도 있다. 이 단체는 1920년대에 교사였던 하산 알-반나Hasan al-Banna가 창설했고, 그 이론적 지도자는 사이드 쿠틉Syed Qutb이었다. 문학평론가였던 쿠틉은 사회주의적 민족주의 지도자였던 자말 압델 나세르Jamal Abdel Nasser와 손잡고, 그가 혁명을 일으켜 파루크 왕을 몰아내고 1952년 신생 이집트공화국을 세워 대통령이 되는 데 협력하였다. 그러나 나세르가 이집트에 샤리아 법을 도입하기를 거부하면서 두 세력은 서로 등을 돌리게 된다. 형제단은 1954년 나세르 암살을 기도하기도 했다. 쿠틉은 투옥되어 고문을 받았고, 풀려나왔을 때는 한층 급진적인 모습으로 변모해 있었다. 그는 수많은 저서에서, 그중에서도 특히 『꾸란』에 대한 해설서인 『꾸란의 그늘 아래서 In the Shade of the Qur'an』에서 현대의 미망에 오염되지 않은 순수한 이슬람을 주장하였다. 또 서구 및 사회주의는 물론 부패한 무슬림 지배자들에 맞선 지하드를 촉구하였다. 나세르가 형제단을 불법화하고 사이드 쿠틉을 처형하자, 형제단의 추종자들은 어쩔 수 없이 사우디아라비아와 수단으로 피신하였다.

인도의 시인이자 철학자인 무함마드 이크발 Muhammad Iqbal 은, 아프가니와 압두가 이슬람을 부흥하기 위해 이즈티하드(체계적이고 독자적인 사고에 의한 추론)를 제창한 데 큰 감명을 받았다. 그는 『이슬람의 종교 사상 Religious Thought in Islam』에서 이슬람 사상 전반을 철저히 검토할 것을 주장했다. 또 인도의 무슬림이 분리하여 독립국가를 세우자고 했는데, 이는 결국 파키스탄의 건국으로 이어졌다. 인도/파키스탄에서 무슬림 형제단의 사상에 영향을 받아 1932년 언론인이자 개혁가인 말라우나 아부 알라 마우두디 Malauna Abu Ala Maududi가 '이슬람연맹 Jamaat-e-islami'을 창설했다. 이슬람연맹은 파키스탄에 샤리아를 도입할 것을 주장하고 혁명적 개혁보다는 민주주의적 개혁을 지지하였다.

이슬람연맹과 무슬림 형제단과 살라피야 운동은 무슬림 세계 전역에 거대한 영향을 끼쳤다. 마우두디와 쿠틉의 저서는 무슬림 사회의 다양한 부문에서 널리 읽히고 있다.

NO-NONSENSE

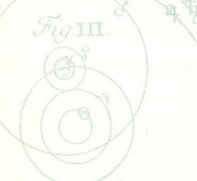

8 현대 이슬람의 쟁점들

근본주의

이슬람 법

여성의 권리

민주주의

ISLAM

오늘날의 이슬람 세계가 비난받는 가장 큰 문제점은 무엇일까?
무슬림 세계의 현대적 민주주의는 실현 가능한가?
여성의 권리와 근본주의의 확산 같은 이슬람 내부의 쟁점들을 해결하기 위한 무슬림 사회의 노력은 어느 만큼 와 있는가?

NO-NONSENSE

08

현대 이슬람의 쟁점들

무슬림 사회는 전 세계에서 수많은 절박한 쟁점과 마주하고 있다. 이들 중 상당수는 명백히 정치적 차원의 문제로 안정된 팔레스타인 국가를 건설하기 위한 투쟁, 수단의 내전, 아프가니스탄과 이라크의 전후 재건 등을 들 수 있다. 한편 인도주의적 차원의 문제도 굵직하다. 세계 난민의 대다수가 내전이나 정치적 억압, '테러리즘에 대한 전쟁' 등에 희생된 무슬림이기 때문이다. 그러나 아직까지 무슬림이 직면한 가장 큰 도전은 민주주의, 여성의 권리, 이슬람 법, 근본주의의 발흥과 확산 등, 다름 아닌 이슬람 내부의 쟁점들이다. 이런 문제들은 절망과 폭력의 악순환 속에서 무슬림 사회의 발목을 잡고 있다.

대다수 무슬림 국가들은 1950년대에 독립을 쟁취하였고, 민주주의의 기폭제가 되어 줄 경제 성장에 큰 기대를 걸었다. 하지만 뒤이은 개발은 유럽 식민 지배라는 기존의 틀에서 벗어나지 못했고, 정치적 독립은 무슬림 사회의 경제적 곤경을 해결해 주지 못했다. 설상가상으로 무슬림 국가의 새로운 통치자들은 독립 투쟁의 선봉에 섰던 개혁 운동 출신도 아니었고, 그렇다고 예전부터 대중의 존경과 신뢰를 받아 온 종교학자 등 전통 부문 출신도 아니었다. 새로운 무슬림 국가의 정치적 리더십은 서구화된 엘리트들의 손아귀에 들어갔으며 그들은 이탈한 식민 권력의 대리인 노릇을 했다. 세속화된 근대 엘리트들은 전통적 부문을 권력에서 소외시키고 모든 형태의 전통을 가차 없이 억압하였다. 그래서 서구화된 통치자들과 전통을 중시하는 대다수 대중의 바람 사이에는 끊임없는 갈등이 지속되었다.

아프가니스탄에서는 소련의 강점에 대항한 지하드가 전개되면서 개혁 운동의 군사주의적 측면이 다시금 부활하게 되었다. 1979년 이란에서는 '이슬람 혁명'이 일어나 전통적 학자들에게 성공과 권력의 단맛을 안겨 주었다. 소련 제국을 무릎 꿇리고, 체첸, 팔레스타인, 카슈미르, 보스니아 등의 억압 받는 형제들을 대신해 무기를 든 '지하디스(jihadis, 지하드 용사. 옮긴이)'는 이상적인 이슬람 국가를 창건하고자 했고, 아프가니스탄의 탈레반(글자 그대로 풀이하면 '학생'이라는 뜻이다.) 정권은 이 전망을 실현하려고 시도했다. 소련의 붕괴로 여러 신생 국가가 무슬림 세계의 울타리 안으로 들어왔다. 그래서 현재 무슬림 국가는 57개국이며, 전 세계적으로 무슬림의 수는 13억 명으로 추정된다. 하지만 거의 모든 무슬림 국가에서는 투쟁적 근본주의자들이 자신들의 존재를 드러내고 '이슬람 국가'의 수립을 촉구하는(일부는 이를 위해 대놓고 투쟁하는) 중이다. 그들은 '서구'를 이슬람의 공공연한 적으로 간주하며, 서구뿐만 아니라 무슬림 사회 내의 근대적이고 온건한 요소에도 분노를 터뜨리고 있다.

 NO-NONSENSE

난민

전 세계의 난민은 총 천2백만 명으로 추산되는데, 그중 절대 다수가 무슬림이다. 그리고 그중 대다수는 다른 무슬림 국가로 피신한다.

세계에서 난민을 가장 많이 수용하고 있는 국가

파키스탄
수용 시설
2백만 명

이란
수용 시설
190만 명

독일
수용 시설
90만 명

▶출처—United Nations High Commissioner for Refugees, *Refugees by Numbers 2001*, www.unhcr.ch

근본주의

20세기 이슬람 개혁 운동의 공통점은 '이즈티하드(이성에 의거하여 근대성과 이슬람을 조화시키려는 지속적 노력)'로 회귀할 필요성을 강조한 것이다. 그와 대조되게도, 21세기의 근본주의 운동은 완고한 종교학자 계층의 주도로 이루어지며 그들의 사고방식은 '비다', 즉 혁신에 대한 공포에 근거하고 있다. 근본주의자들은 중세에 인식되고 실천되었던 이슬람에서 한 치의 변화도 바라지 않는다. 하지만 그렇다고 해서 이슬람 근본주의가 고전적인 종교적 서사나 무슬림 전통에 근거하고 있는 것은 아니다. 사실 이는 역사적 전례가 없이 현대에 들어와서 조작된 도그마다. 이 도그마에는 두 가지 기본 요소가 있다. 첫째, 근본주의자들은 이슬람의 진리를 믿는 것을 절대적 진리를 소유하는 것으로 혼동하고 있다. 따라서 그들의 해석만이 정확하고 유효한 유일한 해석이며, 다른 것은 모두 '비다'이고 그런 '혁신'을 추종하는 사람은 무슬림이 아니다. 그들은 자신들이 내세운 이슬람만을 절대적 진리로 주장함으로써, 이슬람의 명백한 다양성과 복수성을 부정할 뿐만 아니라 신의 권능을 자신들의 것으로 사취한다.

둘째 이슬람 근본주의적 시각의 중심에는 근대적 국민국가라는 개념이 있다. 이런 생각에 따르면 이슬람과 국가는 동일한 한 몸이며, 어느 한쪽이 없으면 다른 하나는 그 잠재력을 완전히 발휘할 수 없다. 따라서 원래의 이슬람이 지리적 국경의 개념을 단호히 부정하고 민족주의를 혐오하는데도, 모든 무슬림 근본주의는 '이슬람 국가'를 수립하기 위해 열심히 싸운다.

국가로서의 이슬람이라는 이 조작된 도그마는 전체주의적인 기획이다. 사실상 현대의 모든 이슬람 국가는 권위주의적이고 억압적이다. 사우디아라비아, 혁명 이란, 수단이 그 좋은 사례다. 근본주의 조직들은 그 명칭(무슬림 형제단, 헤즈볼라(Hizbullah, 하나님의 당)', '감마-엘-이슬람(Gamaa-el-Islam, 이집트어로 '이슬람의 당)')이 시사하듯이, 다수를 권력에서 배제하고자 하는 소수의 운동이다. 상상 속에만 존재하는 최초의 '순수함'을 회복하자고 주장하는 이들 운동의 폐쇄적 성격 때문에, 그들은 경직된 이분법(근본주의 대 자유주의, 전통 대 현대, 종교적 엄격성 대 개혁, 이슬람 대 서구)의 관점으로 세상사를 바라보게 된다. 따라서 모든 것을 거부하고 모든 것을 샤리아(이슬람 법)에 근거해야 한다. 근본주의자들은, 이슬람 국가가 진정 이슬람적으로 되려면 그들이 주장하는 '이슬람 법'을 따라야 한다고 주장한다.

이슬람 법

근본주의자들이 권력을 손에 넣었을 때 처음으로 취하는 행동이 바로 샤리아, 즉 이슬람 법을 확립하는 일이다. 오늘날 근본주의자들이 이해하고 실행하는 샤리아는 『꾸란』과 별로 관계가 없으며, 따라서 이슬람적 시각으로 보았을 때 신에게서 직접 왔다고 인정하기 힘들다. 앞에서도 말했듯이 『꾸란』 안에는 놀랄 정도로 계율이나 규칙이 거의 없고, 경전의 대부분은 신의 속성과 이성의 미덕을 설명하는 데 할애되어 있다. 샤리아 규정을 뒷받침하는 것은 대부분이 '피끄흐', 즉 고전적 법체계로서, 무슬림 역사가 팽창 국면에 있던 압바스 조 시대에 확립된 까닭에 '이슬람의 영역'과 '전쟁 중인 영역'의 두 가지 흑백으로 세상을 구분했던 8세기, 9세기 무슬림 제국주의의 논리를 담고 있다. 그래서 "종교에 강제란 있을 수 없다."는 『꾸란』의 명료한 선언과는 반대로, 배교(종교적 모반)를 국가에 대한 반역과 동일시한다거나, 비무슬림은 굴욕을 감수해야 하며 무슬림 법정에서 증언할 자격이 없다는 등의 규정이 존재하는 것이다. 그러므로 현실에서 무슬림 국가가 샤리아를 적용하거나 강제할 경우(알제리, 파키스탄, 나이지리아의 무슬림들은 그렇게 할 것을 요구하고 있다.) 이러한 과거의 규정과 법체계의 발전 사이에 내재된 모순이 표면으로 드러나게 된다.

더욱이 엄격한 근본주의자들은 샤리아에서도 주로 '후두드 hudud' 법이라고 알려진 범죄와 처벌 부분에 집중하고 있다. '후드hud'가 한계라는 뜻이므로, 후두드 법은 법의 한계 또는 바깥 경계를 말한다. 따라서 '후두드' 처벌은 어떤 범죄에 대해 내릴 수 있는 최대한의, 가장 극단적인 처벌이다. 선지자 무함마드의 모범을 따르는 이슬람 법리 철학의 형태를 띤 샤리아에서는 실제로 '후두드' 처벌을 되도록이면 적용하지 않도록 권하고 있다. 모든 사람의 경제적 기회와 사회적 평등이 규범으로 확립된, 완벽하고 공정한 사회에서만 비로소 그러한 처벌을 내릴 수 있다는 것이다. 예를 들어 도둑의 두 손을 자르는 후두드 처벌은, 아무도

NO-NONSENSE

근본주의가 충돌을 빚는 지역들

팔레스타인
1967년 이스라엘이 팔레스타인을 점령한 이후로, 팔레스타인 무장 그룹들이 독립국가를 이루기 위해 투쟁 중이다. 높은 수위의 폭력이 이 지역을 전쟁 상태로 위협하고 있다.

수단
미국은 수단의 이슬람 정권이 테러리즘을 지원한다고 적대적 태도를 취해 왔고, 급기야 1998년에는 카르툼의 제약 공장을 미사일로 공격하였다.

이란
이라크와 북한과 더불어 부시 대통령의 '악의 축' 국가 중 하나로, 오사마 빈 라덴의 공범들을 숨겨 주고 있다는 의혹을 받았다. 미국은 이란을 상대로 '테러와의 전쟁'을 벌일 작정이다.

사우디아라비아
1991년 걸프전 당시 성지 근처에 미군 기지를 내주어 많은 사우디아라비아 사람들의 분노를 샀다. 왕실 가족에 대한 불만과 분노가 쌓여 정치적 격변의 불씨가 내재해 있다.

이라크
2003년의 전쟁으로 사담 후세인 정권은 무너졌지만 재건 속도는 더디기 짝이 없어 불안이 계속되고 있다. 미국과 영국은 이라크가 '대량 살상 무기'를 보유하고 있다고 주장한 바 있다.

카슈미르
지난 십여 년간 인도는 이곳의 반란군을 진압하려 노력하면서, 파키스탄이 이들을 교사하고 있다고 비난하였다. 무슬림이 주류를 이루는 이 지역이 1947년에 인도가 아니라 파키스탄으로 편입되었어야 한다고 생각하는 사람들이 많다.

아프가니스탄
탈레반은 축출되었지만 불안정한 무정부 상황이 계속되고 있다.

소말리아
과거 빈 라덴과 그의 조직망의 근거지였다는 의혹이 있다. '테러와의 전쟁'의 목표물에 포함될 가능성이 크다.

파키스탄
'테러와의 전쟁'의 최전선에 선 나라로 극단주의자들의 반격에 취약한 상태다.

필리핀
민다나오 섬에 독립국가를 건설하려는 무슬림 무장 세력과 싸움 중인 필리핀 정부를 미국이 지원하고 있다.

남의 것을 훔칠 필요가 없으며 절도가 순전히 불필요한 악행이 될 정도로 국가가 모든 기회를 제공하는 사회에서만 가능하다.

하지만 근본주의자들은 국가가 이슬람을 온전히 실행한다는 증거를 내보이기 위해, 다른 변수들은 제쳐 두고 샤리아가 요구하는 균형의 개념을 무시한 채 후두드 처벌에만 집착하고 있다. 그들이 말하는 순수성의 개념은, 정확히 8세기에 규정된 그대로 처벌을 집행해야 한다는 것이다. 그래서 샤리아는 광장에서 절도범의 손을 자르고 용의자의 목을 치며, 간통죄를 저지른 사람을 돌로 쳐 죽이는 것으로 전락하고 말았다. 이슬람 법이 강제되는 무슬림 사회가 중세적인 느낌을 주는 것은 바로 이 때문이다. 우리는 이를 사우디아라비아, 탈레반이 지배하는 아프가니스탄, 군사 독재자인 지아 장군 치하의 파키스탄에서 목격할 수 있다. 근본주의자들이 극단적인 처벌에 집착함으로써 극단적인 사회가 출현한 것이다.

근본주의자들은 샤리아를 국법으로 삼도록 권장하고 있지만, 사실 이는 거의 법률이라고 할 수 없다. 법률은 그 본질상 역동적이며 인본주의의 윤리적 발전을 충분히 고려해야 한다. 무슬림 사회 내의 여러 주장들은 단순히 샤리아를 옹호하거나 반대하는 것이 아니라, 샤리아라는 용어의 의미가 무엇인가, 누구의 시각으로 제도화되는가 등 더 복잡다단한 문제를 놓고 의견이 갈라져 있다. 개념적 용어로서 샤리아는 이슬람의 본질적인 부분이며, 따라서 모든 무슬림이 의무로 지켜야 하는 것이다. 많은 무슬림에게 있어 샤리아는 자기 정체성의 원천이자 사회정의를 바라보는 관점으로 이슬람에 대한 애착을 표현하는 막연한 말이다. 따라서 이 단어는 효과적인 정치적 슬로건으로 쓰일 수 있다. 일반적으로 무슬림에게 샤리아를 위반하라고 요구하는 것은 죄악의 편을 들라고 부추기는 것과 비슷하다. 하지만 많은 국가에서 급진적 이슬람 운동을 이끄는 근본주의자들이 휘두르는 샤리아는, 현대와 전혀 맞지 않는 반계몽주의적인 계율과 규칙의 묶음에 불과하다.

이렇게 축소된 의미의 샤리아가 권력을 잡았을 때, 샤리아와 이를 강제하는 권력은 현대적 딜레마에 대처할 수단과 의지를 결여하게 된다. 그러면 그들은 소위 순수하고 오염되지 않은 관점을 임의로 재단하고 그리로 후퇴하여, 소위 현대성의 '문제점'을 캐내는 데 안주하곤 한다. 그리고 그 최초의 희생자는 주로 여성이 되는 경향이 있다.

여성의 권리

오늘날 널리 샤리아로 인식되는 법규들을 애초에 제정한 사람은 주로 남성들이었다. 그들은 선의를 품고 있었으며 분명히 자신들의 견해가 매도당하기를 원치 않았지만, 한편으로는 그 시대의 한계에서 벗어나지 못했다. 그들은 선지자를 직접 알지 못했던 반면, 이슬람의 정신과 정반대되곤 하는 문화적, 지적, 윤리적 풍토의 영향을 직접적으로 받았다. 그래서 그들은 여성의 온전한 정신적, 도덕적, 사회적, 지적 자율성을 보장하는 『꾸란』의 윤리적 규약에서 멀어져, 여성의 종속, 대상화, 침묵, 격리를 고집하는 완고한 문화에 더 가까이 다가갔다.

그래서 7세기의 아랍 사회에 『꾸란』이 도입했던 급진적 변화는 완전히 무산되고 말았다. 『꾸란』은 여성에게 분명히 상속 및 재산 소유의 권리, 법정에서 증언할 의무, 이혼할 권리를 부여했다. 또 여성과 어린이에 대해 폭력을 행사하거나, 결혼 및 공동체 문제에서 타인을 강제로 구속하는 행위를 분명히 금지했다. 무슬림 문명 고전 시기의 재판 기록을 보면 이러한 가르침을 적용하고 준수했다는 증거들이 있다. 이슬람에서 결혼은 시민 계약이다. 역사적 증거를 보면 여성들이 결혼 계약을 맺으면서 대단히 다양한 조건을 명시했음을 알 수 있다. 그중에는 성적 만족을 요구하는 내용도 눈에 띄는데, 남성이 이를 행하지 못할 경우 법정에 소추하여 이혼이나 배상을 청구할 수도 있었다. 여성에게 재산권과 상속 분배권이 있었으므로 독립적으로 부유한 무슬림 여성들이 생겨났고, 자기 재산을 남편과 공유할 의무도 없었다.

현대에 와서는 석유 부국의 여성들에게서 기금을 모집하여 무슬림 세계의 다른 지역의 개발 프로젝트를 지원하기 위한 원조 및 투자 조직이 설립되기도 했다. 여성들은 사회·범죄·윤리적 위반 행위에 대한 처벌에서도 남성과 똑같이 개인과 사회의 모든 종교적 의무를 준수할 책임을 졌다. 또 사후에 천국의 은혜를 얻을 기회도 동등하게 부여받았다. 즉 모든 수단을 다하여 '선한 것을 세우고 악한 것을 금하기' 위해 노력한다면 낙원에서 하나님 곁에 머무를 수 있다. 그런데 이슬람 법을 제정한 사람들은 그와 반대로 여성을 물질적 대상 또는 소유물과 동급으로 규정하였다. 이슬람 법에서 여성의 행위 능력은 남성과 가족에 대한 봉사에 한해서만 고려의 대상이 되었으며, 심지어 여성만이 지닌 생물학적 체질과 관련한 문제도 남성의 편리와 불편을 기준으로 취급하였다. 근본주의적 샤리아에서 여성을 다루는 방식은, 역사 속에 존재했던 다양한 실천과 해석을 무시한 채 광신적이고 배타적이며 윤리적으로 비난할 만한 관점을 취하고 있다.

샤리아에 경도된 전통주의자, 보수주의자, 근본주의자들은 여성을 경멸하여 대우한다. 예를 들어 여성의 증언은 『꾸란』의 가르침과는 어긋나게도 남성의 반만큼의 무게밖에 지닐 수 없다. 게다가 남성적 인식의 산물인 샤리아는 간통과 간음과 강간을 구분하지 못한다. 그 결과 강간 및 성적 학대의 피해자는 범죄자로 기소되며 돌로 쳐서 죽이는 형벌에 처해지게 된다. 『꾸란』은 그 어떤 범죄에 대해서도 돌로 쳐 죽이는 형벌을 허락하지 않았으므로 이는 정도를 벗어난 법규다. 『꾸란』은 성폭행의 경우 남성보다 여성의 증언에 더 비중을 둘 것을 명하였으나, 실제 샤리아 법정에서는 여성의 증언을 무시하는 편을 택하고 있다. 샤리아를 국법으로 택한 나라에서 여성의 지위는 최하층 계급보다 못하다. 일례로 사우디아라비아에서 여성은 남성의 동행 없이 외출이 허락되지 않는다. 또 운전도 할 수 없고, 법에 검은색으로 정해진 베일을 써야 한다. 사실 검은색은 열을 모조리 흡수하기 때문에 사막 기후에서 입기에 가장 적합하지 않은 색이다. 그런 까닭에 남성들은 모두 흰옷을 입는데도 말이다.

파키스탄과 나이지리아에는 강간당한 여성들이 결국 간통으로 기소된 사례가 셀 수 없이 많으며, 그중 일부의 경우에는 비록 실제로 집행되지는 않았지만 돌로 쳐 죽이는 형벌이 선고되기도 했다. 과거 아프가니스탄의 지배 세력이자 파키스탄 북부에서 유력한 세력인 탈레반 등의 일부 근본주의 집단은 여성에 대한 기본적인 교육조차 거부한다. 통계에 따르면, 일반적으로 무슬림 국가들은 비슷한 수준의 다른 나라에 비해 여성의 문맹률이 확연히 높으며, 여성의 건강 관리가 기대 수준에 한참 못 미쳐 산모 및 영아의 사망률도 훨씬 높다.(204쪽, '나이지리아의 샤리아 법' 참고)

무슬림 사회에서도 가장 가난하고 전통적이며 보수적인 지역에 살고 있는, 무력하고 취약한 여성들이 처한 상황은 굉장히 암울하다. 하지만 이슬람에 호소하여 여성이 개인적, 사회적으로 힘을 얻고자 하는 운동이 곳곳에서 전개되고 있다. 이슬람을 해방의 힘으로 해석하며, 이슬람의 제도와 가르침을 가장 빈곤하고 취약한 자매들에게 힘을 부여하는 원천으로 활용하는 여성들도 있다. 그런가 하면 보수적이고 반계몽적인 근본주의 샤리아의 관점과 거기서 신봉하는 과격한 정치 운동을 승인하고 지지하는 무슬림 여성들도 있다. 무슬림 여성들을 오로지 무력한 희생자로만 보는 것은 배타적인 남성 무슬림의 시각과 맞먹는 오류다. 무슬림 여성이 처한 상황은 무슬림 국가와 공동체에 따라 다르며 한 사회에서도 계층과 부문에 따라서 다르지만, 무슬림 사회의 과도한 가부장주의 기질은 어딜 가나 존재한다. 민주주의의 상황도 다르지 않다.(205쪽, '이슬람과 동성애' 참고)

민주주의

본래부터 이슬람이 민주주의에 적대적인 요소가 있는 것은 아닙니다. 민주주의뿐만 아니라 서구와 비서구의 그 어떤 특정한 개념도, 그것만을 진리의 신조로 내세우거나 이슬람의 근본적인 교리를 위반하지 않는 이상은 이슬람과 충돌할 일이 없다. 다만 민주주의를 무신론적 인본주의와 결합하여 유일한 진리라고 주장하거나, 세속주의를 하나의 인식론 또는 철학적 지침으로 해석하게 되면 이슬람의 신앙과 충돌하게 된다. 일체의 이데올로기적 주장과 함의가 없는 순수한 대의 정부 메커니즘으로서의 민주주의는 이슬람과 불화하지 않는다. 사실 신뢰성이라든가 주민들의 의견(슈라)을 구하라는 명령 등 이슬람 세계관의 여러 개념은 무슬림 사회에서 민주주의의 초석을 놓는 데 유용하게 쓰일 수 있으며, 또 복잡한 현대 사회에서 이런 개념을 실현하려면 어차피 민주적 형태의 조직과 운영 방식이 필요하다고 볼 수도 있다.

무슬림 사상가들은 두 가지 수상쩍은 근거를 들어 민주주의를 거부하는 경향이 있다. 첫째로 이슬람은 기본 교의를 의심하지 말고 무조건 받아들일 것이 요구되는 반면 민주주의는 끊임없는 논쟁과 질문을 강조하기 때문에 둘은 서로 양립할 수 없다는 것이다. 또 둘의 화해할 수 없는 속성을 가리키는 한 예로, 이슬람에서는 주권이 신에게 속하고 민주주의에서는 주권이 인민에게 속한다는 주장을 자주 들고는 한다. 이 주장의 전제는 이슬람이 맹목적이고 의문을 제기할 여지가 없는 교의라는 것인데, 이는

『꾸란』에서 기술한 이슬람과는 정반대되는 가정이다. 나아가 정치라는 업무가 본래 사람과 사람과의 관계임에도, 여기서는 정치를 사람과 신의 관계로 잘못 가정하고 있다. 서구의 민주주의도 완전하지는 않다. 일례로 민주주의 정치에 여성을 포함해야 한다는 생각은 뒤늦게야 생겨났다. 인간이 협력해서 이루어 낸 다른 업적과 마찬가지로 민주주의 또한 질문이 허용되지 않는 여러 원칙들에 근거하고 있다. 한편 종교는 차용으로 시작해서 해석으로 끝나며, 인간의 동의에 의존한다. 간단히 말해서 사람이 종교를 결정하지, 종교가 사람을 만들지 않는다. 사람들이 종교적 신앙에 밀착해 있는 사회에서의 민주주의는 이 사실을 반영해야 한다.

  두 번째 주장은 그보다도 더 진부하다. 단순히 민주주의는 이슬람과 관계가 없는 서구의 산물이므로 거부해야 한다는 것이다.

  무슬림 세계 전역의 다양한 사회 부문들 사이에는 깊은 분열과 원한이 가로놓여 있다. 대다수의 주요 정치 집단들은 서로를 매우 증오하고 두려워한 나머지, 상대편이 패배하고 자유를 박탈당하는 모습을 보기 위해 그만 자신들의 자유까지도 포기해 버리고 만다. 민주주의는 어떤 기본 쟁점에 대한 폭넓은 합의 없이는 기능할 수 없기 때문에, 이렇게 심각한 분열이 계속되는 한 민주주의 운동을 지속적으로 발전시키기란 힘들다. 물론 결과의 불확실성이야말로 민주주의의 중요한 측면이기는 하지만, 정권의 교체가 패배한 편의 재난으로 이어지지 않는다는 충분한 보장이 필요하다. 일례로 파키스탄에서는 선거가 끝날 때마다 패배한 주요 정당의 지도자들이 수감되거나 추방된다.

  공공의 장에서 종교적으로 주된 역할을 하고자 하는 세력과 그에 반대하는 세력 사이에 노골적인 충돌이 벌어지면 기본 쟁점에 대한 합의는 점점 더 요원해진다. 이란, 수단의 물라(Mullahs, 율법학자)와 지금은 축출된 아프가니스탄의 탈레반이 그랬듯이 근본주의 집단이 점점 지지 세력을 넓히고 나아가 권력을 장악하면서 긴장은 더욱 악화되었고 지배적인 세속 엘리트들의 우려는 더욱 커졌다. 1988년부터 1991년까지 이어진 알제리의 민주주의 실험에서 근본주의자들이 근소한 차로 선거 권력을 장악한 이래로, 아랍의 정치 지배층 사이에서 민주주의는 더러운 단어가 되고 말았다. 베를린 장벽의 붕괴 이후 전 세계를 휩쓴 민주주의의 물결도 무슬림 세계만은 건드리지 못했다. 근소한 정도의 민주주의라도 지니고 있는 아랍 국가는 단 한 나라도 없다. 사우디아라비아, 이집트, 이란 등 권위주의적인 독재 정권하에서 인권침해는 흔한 일이다. 하지만 몇몇 성공 사례는 존재한다. 인도네시아, 방글라데시, 튀니지의 민주주의 실험은 무슬림 세계에도 민주주의가 올 수 있다는 희망을 준다. 이들 나라에서는 근본주의까지 포함하여 모든 당파를 아우른 광범위한 민주 세력의 연합이 민주적 개혁의 승자로 떠오르고 있다.

9 막다른 벽을 넘어서

ISLAM

이슬람 세계의 변화를 위한 진지한 노력이 필요하다는 내부의 목소리가 제기된 지 오래인데도 현대 이슬람의 개혁이 미미한 까닭은 무엇인가?
이슬람이 생명력을 지닌 세계관으로 생존하고 번영할 수 있는 길은 어디에서 찾을 수 있을까?

NO-NONSENSE

09

막다른 벽을 넘어서

이슬람의 정신이 현대 이슬람의 현실과 심각하게 어긋나고 있다는 점은 명백하다. 이슬람은 스스로를 해방의 힘으로, 즉 평등과 정의와 보편적 가치에 근거한 역동적인 사회적, 문화적, 지적 세계관으로 인식한다. 그러나 이슬람이 가장 경건하고 엄격한 추종자들의 손에 들어갔을 때는, 억압적이고 반계몽적이며 필사적으로 사회를 중세로 되돌리려는 운동으로 변모해 버리고는 한다. 사실 이를 지켜보는 많은 사람들이 이슬람 자체에 병적 기질이 있다고 생각하는 것도 그저 비난할 일은 아니다.

많은 무슬림들은 현재 자신들이 처한 곤경의 원인으로 서구를 비난한다. 실제로 서구는 이에 대해 큰 책임이 있다. 식민주의, 무슬림 세계의 독재 정권에 대한 지원, 여러 무슬림 국가들을 종속과 처참한 빈곤으로 내몬 억압적 경제 정책, 그리고 이슬람과 무슬림을 유럽과 아메리카의 어두운 측면으로 재현한 오리엔탈리즘 등등, 그 죄상의 목록은 길고도 고통스럽다.

이슬람의 불행을 서구의 탓으로 돌리는 것은 이제 거의 무슬림 신앙의 일부가 되었다. 예를 들어 오리엔탈리즘은 세상 모든 것의 보편적 희생양이 되었다. 무슬림 사이에서는 오리엔탈리즘의 존재가 온갖 불평을 정당화하는 수단이자, 과거 무슬림 문명의 완벽성에 대한 낭만적 향수를 불러일으키는 원천이면서 나아가 사람들을 다양한 이슬람 운동에 끌어들이는 수단이 되었다. 이로 인해 우리는 나머지 인류와는 다르고 별개라는 배타적 의식이 생겨났는데, 이는 이슬람 종교로 보나 무슬림 역사로 보나 전례가 없는 흐름이다. 오리엔탈리즘이 존재하는 것은 엄연히 드러난 사실이므로, 무슬림의 관점에서 보면 정의상 공격에는 방어로 대응해야 한다. 그로 인해 차별, 편견, 억압, 온갖 부정한 행위의 희생자는 그들이 실제로 결점이 있든 없든 관계없이 무조건 결백하고 선하다고 간주된다.

하지만 무슬림은 모든 잘못을 서구에만 떠넘길 수는 없다. 이슬람의 내부적 문제는 근대성에 적응하고 현대적 요구에 비추어 신앙을 해석하는 데 스스로 실패한 산물이다. 빈곤의 문제든 젠더 관계의 문제이든, 혹은 민주주의나 세계화의 문제이든, 21세기는 도전과 새로운 질문으로 가득 차 있다. 무슬림이 이에 대응하기 위해서는 새로운 방식으로 알고 행동하고 존재할 필요가 있음을 이해해야 한다. 무슬림이 자신들의 종교와 전통을 생생하고 유효하게 지켜 내고자 한다면, 그들은 새로운 길을 찾아야 한다.

특히 구시대의 해석에 안주하는 경향은 이제 위험할 정도의 폐습이 되었다. 이는 새삼스러운 깨달음이 아니다. 무슬림이 이슬람을 개혁하기 위해서는 이즈티하드, 즉 합리적으로 재고하려는 노력을 진지하게 시도해야 한다고 여러 학자와 사상가들이 촉구해 온 지도 족히 백 년이 넘는다. 화석화되어 굳어 버린 과거의 해석은 무슬림을 끊임없이 중세로(아니 역사 속에 존재하지도 않았던 낭만적 맥락 속으로) 퇴보시킨다. 무슬림 사회를 인도적 가치를 향해 이끌어야 할 바로 그 사상과 개념들이, 실제로는 사회를 그 정반대 방향으로 이끌고 있는 셈이다. 오래 전에 죽은 고전 법학자들과 종교학자들이 이미 모든 문제에 해답을 주었기 때문에 더 이상 스스로 생각할 의무가 없다고 확신하는 사람들은, 극단에 집착한 옛날 옛적의 기계적인 계율을 앵무새처럼 반복할 뿐이다. 이런 것이 자비와 연민을 통해 정의를 건설하고자 끝없이 도전하는 섬세한 정신에서부터 나왔다는 사실은 아이러니하다. 그리고 이런 화석화된 계율에도 이슬람이라는 이름이 붙어 있기 때문에, 여기에 의문이나 반대 의견을 제기하는 행위는 죄악의 편을 드는 것이나 진배없이 취급된다.

그래서 샤리아 법을 개혁하려는 시도가 곧 이슬람 자체에 대한 공격으로 간주되는 것이다. 샤리아의 수호자들, 수세기 전에 '이즈티하드의 문을 닫은' 책임이 있는 종교학자들은, 샤리아가 온전히 신에게서 왔다고 선언하고 종교를 법률과 동일시하는 데 특히 명민함을 발휘한다. 법률을 종교와 동일시하면 법률을 개혁하려는 온갖 노력은 종교를 변화시키려는 시도로 여겨지게 된다. 나아가 그들은 해석의 권력을 모조리 자신들의 손아귀에 독점해 버림으로써 평범한 신자들의 권리를 부정해 버렸다. 신도들은 반계몽주의적인 '물라mullah', 즉 성직자들을 맹목적으로 따르는 것 외에 아무 일도 할 수 없으며, 이 성직자들은 무슬림 사회를 지배하고 신도들을 광신과 부조리한 환원적 논리 안에 잡아 가두고 있다. 샤리아를 변화시키고 이슬람을 개혁하기 위해서는 평범한 무슬림이 일어서서 강력하고 완고한 성직자들과 해석 집단에 맞서야 한다. 그들은 종교 지식을 독점한 채 그 어떤 개혁도 자신들의 독점에 대한 직접적인 위협으로 보고 있다. 또 반계몽주의 세력은 이슬람을 국가와 동일시하여 자신들의 종교적 권위에 정치권력을 더하고자 기도하고 있으며, 실제로 여러 차례 성공하였다.

이슬람을 개혁하지 않는다면, 권위주의, 여성과 소수자에 대한 억압, 반계몽주의, 중세를 향한 향수는 무슬림 세계에 계속해서 군림할 것이다. 이슬람을 새롭고 현대적으로 재평가하려면 무슬림이 개인으로서 그리고 공동체로서 행위 능력을 되찾아 와야 한다. 그리고 신자이자 식견을 갖춘 시민으로서 이슬람의 기본 출전을 해석하고 재해석할 권리와 의무를 주장해야 한다. 그들은 현재 통용되는 샤리아의 규정을 뒷받침하는 근거가 무엇인지 질문을 던지고, '피끄흐'의 상당 부분이 오늘날 위험스러울 정도로 낡았음을 지적하며, 지리적으로 고립된 상태로 갇혀 있는 이슬람의 부조리한 개념에 맞설 필요가 있다. 이슬람이 생명력을 갖춘 세계관으로 생존하고 번영할 것인가 여부는 이렇게 급진적인 변화를 이끌어 내느냐에 달려 있다.

서구는 이슬람과 무슬림에 대해 다른 방식으로 생각하는 법을 배울 임무가 있다. 무슬림 세계는 이슬람 자체를 새롭게 사고해야 한다. 이슬람의 가치와 교훈과 윤리적 추진력이 현재 인류가 처한 공통된 딜레마와 동떨어진 것이 아닌 그 일부임을 배울 필요가 있다. 무슬림들도 지속 가능한 발전과 인류의 안녕을 염원하며, 지구를 어떻게 살릴지, 과학이 어디로 발전하는지, 어떻게 하면 내가 사는 곳에 공정하고 평등한 사회·정치 질서를 세울지를 고심하고, 세계화의 부작용을 걱정한다. 다만 이런 공통의 관심사를 바라보는 방식이 특별할 뿐이다. 무슬림은 이슬람이 이러한 문제에 대해 미리 만들어 놓은 해답을 제공해 주지 않음을 깨달아야 한다. 이슬람과 서구가 서로 신뢰하고 힘을 합쳐 노력할 때에만, 충돌과 의심의 역사를 뛰어넘어 모든 인류를 위해 활기찬 미래를 만들어 나갈 수 있을 것이다.

부록

이슬람 연표

본문 내용 참고 자료

원서 주석

저자 참고 문헌

관련 단체

함께 보면 좋을 책과 영화

569~649

이슬람 연표

— 선지자 무함마드 메카에서 탄생(569)
— 선지자 무함마드 사망(632)
— 아부 바크르가 제1대 칼리프로 즉위(632)
— 우마르가 제2대 칼리프로 즉위(634)
— 시리아 정복
— 이라크 정복
— 예루살렘 점령(638)
— 히즈라 력 도입
— 페르시아 정복
— 이집트 정벌
— 오스만이 제3대 칼리프로 즉위(644)
— 마그레브 정복
— 아랍 해군 창설
— 키프로스 점령

650~700

— 『꾸란』의 편집(650~652)
— 비잔틴 군 격파
— 알리가 제4대 칼리프로 즉위(656)
— 무아위야가 알리에 대항하여 스스로 칼리프를 선언(660)
— 칼리프 알리 암살(661)
— 다마스쿠스에 우마이야 조 수립
— 무아위야가 칼리프로 즉위(661)
— 인도 숫자가 시리아에 출현
— 아랍 화폐의 도입
— 야지드가 칼리프로 즉위(679)
— 후세인과 그가 이끄는 군대가 케르발라 전투에서 학살됨(689)

800~850

— 이븐 히샴이 선지자 무함마드의 전기 출간
— 철학자 알-킨디al-Kindi가 이슬람 철학의 기초 확립
— 바그다드에 최초의 공공 병원 설립(809)
— 자비르 이븐 하이얀이 화학을 실험 과학으로서 확립
— 이맘 샤피 사망(820)
— 시칠리아 정복(827)
— 알-콰리즈미가 『대수학』 출간
— 바그다드에 지혜의 집과 공공 도서관 설립(832)
— 그리스, 바빌로니아, 시리아, 페르시아, 인도, 이집트의 문헌에 대한 번역 작업이 절정에 이름
— 무타질라(합리주의) 파 철학이 확립됨
— 『천일야화』의 초기 형태가 완성됨

700~750

―스페인 정벌(711)
―무슬림의 인더스 계곡 침공
―프랑스로 침략(718)
―투르 전투(732)
―우마이야 조 멸망(749)

751~800

―아랍 세계에 종이 제작 기술 전래
―출판 산업이 고도의 산업으로 확립
―하디스 편집자들(알-부카리 무슬림, 아부 다우드, 알-티르미디,
  이븐 마자, 알-나사이)이 모음집을 출간함
―압바스 조 수립
―알-사파르 칼리프로 즉위
―코르도바에 스페인 우마이야 조 수립(756)
―무타질라 파 철학의 출현(757)
―바그다드 건설(762)
―이븐 이스하크가 선지자 무함마드의 유명한 전기를 출간함
―이맘 하니파 사망
―샤를르마뉴가 스페인에 침입:
  『롤랑의 노래』의 주인공인 기사 롤랑 전사(778)
―코르도바에 메스키타 사원 건립 시작, 하룬 알-라시드가
  칼리프에 즉위(786)
―모로코에 이드리스 조 수립(788)
―이슬람 법체계(피끄흐)가 여섯 '법학파'로 확립됨

851~900

―문학자인 '퉁방울 눈' 알-자히즈al-Jahiz가 『동물의 책 The Book of Animals』을 출간
―철학자 알-파라비가 『완전한 국가』를 출간
―유명한 번역가 후나인 이븐 이스하크 Hunayn ibn Ishaq가
  그리스 철학서 및 기타 문헌의 번역서를 출간
―카이로에 이븐 툴룬 사원 건립(878)
―울라마(종교학자)들이 정치권력에 대항하는 주요 세력이 됨
―무사 형제가 기계 장치에 대한 책 출간
―알-바타니가 『별들의 과학에 대하여 On the Science of Stars』 출간
―알-파르가니 al-Fargani가 『천문학의 요소들 Elements of Astronomy』 출간

901~950

— 철학자이자 수학자인 타비트 이븐 쿠라Thabit ibn Qurrah 사망
— 역사학자 알-타바리al-Tabari와 시인 알-무타납비al-Mutanabbi 출생(915)
— 수피 신비가 알-할라즈 처형(922)
— 알-라지, 천연두와 홍역에 대한 최초의 저서 출간
— 시인 피르다우시Firdaws 출생(934)
— 수학자 아부 알-와파Abu al-Wafa 출생(940)

1001~1100

— 재상이자 교육자인 니잠 알-물크Nizam al-Mulk 출생
— 시인 오마르 카이얌이 3차 방정식을 풂
— 신학자이자 사상가인 알-가잘리al-Ghazali가 『종교학의 부활』과 『철학의 파괴』 출간
— 지리학자 알-이드리시al-Idrisi 출생
— '신실한 신자들'을 비롯한 백과전서파가 정기적인 분책 형식으로 여러 백과사전을 출간
— 무슬림이 베트남까지 건너가서 정착촌을 세움

951~1000

- 인문지리학의 기초를 확립한 지리학자 알-마수디 사망
- 알-하이삼이 반사와 굴절의 기본 공식을 서술한 『광학』 출간
- 이집트에 파티마 조 수립(966)
- 카이로에 알-아즈하르 사원 건립(970)
- 알-바루니al-Baruni가
  『인도와 도시의 좌표 결정India and Determination of the Co-ordinates of the Cities』 출간
- 시인 알-마아리al-Maarri 출생(973)
- 아프가니스탄과 북부 인도에 가즈니 조 수립(977)
- 철학자이자 의사인 이븐 시나가 이후 800년간 의학 교과서로 쓰인 『의학 전범』 외 다수의 철학서 출간
- 알-나딤이 서점 카탈로그인 『피흐리스트』 출간
- 카이로에 세계 최초의 대학교인 알-아즈하르 대학이 설립됨(988)
- 구르 술탄 조가 아프가니스탄과 북부 인도에서 가즈니 조를 계승함

1101~1200

- 알-이드리시가 시칠리아에서 최초로 세계 지도 분책 제작
- 철학자이자 심리학자인 이븐 바자ibn Bajja가 『일름 알-나프Ilm al-Nafs』를
  출간하고 심리학을 독립된 학문 분야로 확립
- 철학자이자 소설가 이븐 투파일ibn Tufail이 소설 『하이이 이븐 야크잔』 출간
- 이븐 루시드가 『파괴의 파괴』 외 여러 철학서를 출간
- 살라후딘(살라딘)이 예루살렘을 점령(1187)하고 이집트를 그 중심으로 하여 무슬림 세계를 통일함
- 알-하리리al-Hariri가 아랍어 산문의 걸작인 이야기 모음집 『마카마트』 출간
- 야쿠트 알-하마위Yaqut al-Hamawi가 『지리학 사전』 출간
- 시인 니자미Nizami 출생

1201~1300

- 파크르 알-딘 라지Fakhr al-Din Razi가 대작 『학문의 백과전서Encyclopedia of Science』 출간
- 신비주의 시인 잘랄-알-딘 루미가 『마트나비Mathnavi』 출간
- 전기 작가 아부 칼리칸Abu Khallikan이 역사철학을 독립된 학문 분야로 확립
- 파리드 알-딘 아타르Farid al-Din Attar가 『새들의 회합Conference of the Birds』 출간
- 그라나다에 나스리드 왕조 수립(1230)
- 몽골 군의 바그다드 약탈(1258), 도시 내 36개 공공 도서관이 화재로 소실
- 압바스 조 칼리프 체제 붕괴(1258)
- 오스만 제국 수립(1281)
- 이집트에 맘루크 조 발흥
- 이븐 나피스ibn Nafis가 혈액의 순환을 정확히 기술함
- 나시르 알-딘 알-투시가 마라가의 천문대에서 『천문학 연구Memoir of the Science of Astronomy』를 완성하여 우주의 광범위한 구조를 기술함. 그리고 '투시 연성' 공식을 발전시켜 수학 계산을 통해 태양 중심 세계관을 확립
- 이슬람의 과학과 학문이 유럽 언어로 번역됨

1501~1600	1601~1700	1701~1800
- 인도에 무굴 제국 수립(1526) - 모로코 군대가 송가이에 침입하여 통북투 점령, 학문 도시 통북투 쇠퇴(1591) - 오스만 제국의 건축가 시난 Sinan이 이스탄불에 블루 모스크 단지 건립 시작	- 인도의 아그라에 타지마할 완성(1654) - 유럽에 이슬람 인문주의가 수입됨	- 영국이 인도를 식민지로 편입 - 샤 왈리울라Shah Walliullah가 영국에 대한 저항 운동을 전개 - 우스만 단 포디오가 나이지리아 북부에 소코토 칼리프국을 세움 - 무함마드 빈 압둘 와하브가 아랍, 시리아, 이라크에서 와하비 운동을 전개 - 사이드 무함마드 빈 알리 앗-사누시가 북아프리카에서 사누시야 운동을 전개

1301~1400

― 이븐 칼둔이 사회학을 확립하고 『역사학 입문』 출간
― 이븐 바투타가 『여행기』를 출간
― 인도네시아와 말레이시아 제도에 이슬람 정착
― 말리, 가오, 통북투가 중요한 무슬림 중심지가 됨
― '가잘(ghazal, 서정적 연애시. 옮긴이)'의 대가인 시인 하피즈Hafiz의 시집 출간

1401~1500

― 마지막 위대한 수피 시인인 자미Jami 사망
― 이슬람 과학과 학문이 유럽에 통합되기 시작함

1801~1900

― 세포이 항쟁(1857)
― 자말 알-딘 알-아프가니, 무함마드 압두, 라시드 리다Rashid Rida가 범이슬람 운동을 전개함
― 사이드 아흐마드 칸Syed Ahmad Khan 경이 인도 알리그라에 무슬림 대학을 설립(1875)

1901~2000

― 케말 아타르투르크가 칼리프 체제 종식 (1914)
― 무슬림 세계에 민족주의 발흥
― 시인이자 철학자인 무함마드 이크발이 『불만과 해답Complaint and Answer』 출간
― 파키스탄이 최초의 '이슬람 국가'로 수립(1947)
― 이슬람회의기구(OIC) 수립(1969)
― 석유수출기구(OPEC) 출범(1972)
― 이란에 '이슬람 혁명' 발생(1979)

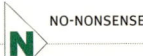

부록 2—본문 내용 참고 자료

『꾸란』의 몇몇 구절들

- 하나님은 공평하게 다스리는 자들을 사랑하시니라. (5:42)
- 하나님은 실로 인내하는 자들을 사랑하심이라. (3:146)
- 천지를 창조하시고 너희의 언어들과 피부색을 달리 창조하셨음도 그분 예증의 하나이시니, 실로 그 안에는 전 인류를 위한 예증이 있노라. (30:22)
- 네가 나에 대항하여 나를 살해하려 손을 뻗친다 해도 나는 너에 대항하여 너를 살해하기 위해 나의 손을 내밀지 아니하리라. 이는 내가 만유의 주이신 하나님을 두려워하기 때문이라. (5:28)
- 선을 실천한 믿음의 남녀는 천국으로 들어가리니 그곳에서 그들은 계산 없는 풍성함을 누리게 되리라. (40:40)
- 관용을 베풀고 사랑을 베풀되 우매한 자들을 멀리하라. (7:199)

공인된 여섯 권의 하디스

하디스 모음집 중에서도 가장 그 권위를 인정받는 『정전』은 총 여섯 권이 있다. 흔히 이맘 부카리라는 이름으로 알려진 무함마드 빈 이스마일Muhammad bin Ismail이 편집한 『부카리의 순수 하디스Sahih Bukhari』, 무슬림 빈 알-하자즈Muslim bin al-Hajjaj가 편집한 『무슬림의 순수 하디스Sahih Muslim』, 일명 아부 다우드라고 하는 술라이만 빈 아샤스Sulaiman bin Ash'ath가 편찬한 『아부 다우드의 수난Sunan Abu Dawud』, 무함마드 빈 야지드Muhammad bin Yazid가 편찬한 『이븐 마자흐의 수난Sunan ibn Majah』, 무함마드 빈 이사Muhammad bin Isa가 편찬한 『티르미디의 자미

『Jami' At-Tirmidhi』, 아흐마드 빈 슈아이브Ahmad bin Shu' aib가 편찬한 『나사이의 수난 Sunan An-Nasa' i』이다. 이 여섯 개 모음집을 편찬한 학자들은 모두 8세기, 9세기경에 활동한 인물들이다.

NO-NONSENSE

세계에서 가장 순수한 무슬림 국가들

다음 나라들은 국민의 거의 전부가 무슬림이다. 즉 원 주민의 99.5퍼센트 이상, 그리고 이주 노동자 거의 모두가 무슬림이다.

바레인	모리타니	카타르	아랍에미리트연방
코모로 제도	마요트 제도	소말리아	서사하라
쿠웨이트	모로코	사우디아라비아	예멘
몰디브	오만	튀니지	

▶출처—www.adherents.com

NO-NONSENSE

알-나딤이 자신의 서점 카탈로그 서문에 쓴 글

"이는 아랍인과 외국인을 비롯한 다양한 사람들이 아랍어 및 자국 언어로 쓴 서적들의 목록이다. 이 목록에는 각 학문 분야가 형성되기 시작한 시기부터 현재인 히즈라 377년(987/988년)에 이르기까지 다양한 분야를 망라했으며, 이들 책을 집필한 사람들에 대해 부문별로 묶어서 소개하였고, 그들의 관계, 그들이 태어나고 살고 죽은 시기, 그들이 살았던 도시, 그들의 미덕과 결점을 또한 기록하였다."

NO-NONSENSE

과학에 대해 이븐 알-하이삼이 남긴 글

"진리를 추구하는 목적은 진리 그 자체다. 진리를 찾는 일은 힘들고 진리에 이르는 길은 험하다. 진리는 어둠 속에 잠겨 있으므로 (…) 모든 이들이 과학자를 존경하는 것은 당연하다. 그러나 신은 과학자를 오류에서 지켜 주시지 않으며 과학의 결점과 실수를 막아 주시지도 않는다. 만약 그렇다고 한다면 과학자들은 학문의 어떠한 점에 대해서도 의견을 달리할 일이 없을 것이며, 사물의 진리에 대한 견해 또한 저마다 갈라지지 않을 것이다. (…) 진리를 알고자 학문을 연구하는 사람은 자신이 연구하는 모든 것에 대해 호되게 비판할 수 있어야 한다. (…) 모든 시각과 모든 측면에서 비판해야 한다. 나아가 비판에 임하는 데 있어 자기 자신에 대해서도 의심해야 한다."

▶출처—이븐 알-하이삼, 『프톨레마이오스 비판』, 11세기 초.

NO-NONSENSE

'신실한 신자들Ikhwan al-Safa' *이 동물 권리에 대해 남긴 글

"인간이 수많은 동물을 포획하여 인간의 편의를 위해 사육하고 부리게 된 것은 그리 오래된 일이 아니다. 그리고 인간은 그중 일부를 요리해 먹기 시작했다. 일부 인간들은 숲과 들에 사는 야생 동물들을 사냥하거나, 덫을 놓아 잡아서 그 고기를 식량으로 쓰고 가죽을 옷감으로 썼다. 때로 그들은 순전히 동물을 쫓아가 죽이는 쾌락과 흥분을 위해 사냥을 하기도 했다.

동물들은 그들의 섬에 인간이 도착한 이후로 자신들의 삶이 얼마나 변해 버렸는지를 곧바로 깨달았다. 그들은 현재 인간이 자신들을 가혹하고 잔인하게 다루는 방식과, 과거에 누렸던 평화와 자유를 비교하며 이야기를 나누었다."

▶출처—10세기에 출판된 『신실한 신자들의 서한문』 가운데 하나인 '동물과 인간의 분쟁the Dispute between Animals and Man' 중에서. 번역본은 『The Island of Animals』 by Denys Johnson-Davis, Quartet Books, London, 1994.

*신실한 신자들Brethren of Purity—10세기 철학자들의 신비주의 종파로, 자신들의 가르침을 서간문 형식에 담은 백과사전을 출간하였다. 옮긴이

NO-NONSENSE

오리엔탈리즘이 나타난 영화들

벵갈 창기병(Lives of the Bengal Lancers, 1935)
인도의 열정(Northwest Frontier, 1959)
카르툼(1966)
미드나잇 익스프레스(1978)
나일의 대모험(Jewel of the Nile, 1985)
아이언 이글(1985)
델타 포스(1986)
마지막 사랑(The Sheltering Sky, 1990)
트루 라이즈(1994)
파이널 디시젼(Executive Decision, 1996)
비상계엄(The Siege, 1998)
룰스 오브 인게이지먼트(2000)

NO-NONSENSE

나이지리아의 샤리아 법

2002년 3월, 아미나 라왈Amina Lawal이란 한 30대 이혼녀가 전 세계 뉴스의 머리기사를 장식했다. 그녀는 나이지리아 북부 카치나 주 바코리의 샤리아 법정에서, 혼외 관계로 임신한 죄로 투석 형을 선고받았다. 하지만 상대 남자는 자신이 아이 아버지라는 자백을 철회하여 고발이 취소되었다.

이 사건은 샤리아 법정에서 투석 형, 팔다리 혹은 손발 절단 형 등 '후두드' 형벌을 선고한 사례 중 하나다. 한계를 뜻하는 '후두드'라는 말은 『꾸란』에서 유래했지만, 이러한 형벌 자체는 과거 이슬람 법이 발전하는 과정에서 생겨났다.

1999년 나이지리아가 민정으로 복귀한 이후, 북부의 11개 주가 샤리아, 즉 이슬람 법을 제도화하였다. 이는 아프리카에서 가장 인구가 많고 인종적으로 복잡한 국가인 나이지리아에서 강한 폭발력을 띤 정치적, 인종적 이슈다.

하지만 하급 샤리아 법원에서 내린 판결은 항소할 수 있다. 또 나이지리아 연방 정부는 무슬림 나이지리아 인이 비무슬림보다 더 가혹한 처벌을 받아서는 안 된다는 원칙을 지키기 위해 헌법과 정치적 압력을 동원해서 이러한 판결을 억누르고 있다. 일례로, 사피야 후세이니 또한 간통죄로 투석 형을 선고받았지만 항소에서 기각되었다. 아미나 라왈 사건은 항소심을 앞두고 있으며, 이미 여러 차례 연기되었다. 항소 절차를 살펴보면 이러한 사건들은 아직 재판이 진행 중이거나 보석으로 풀려나 실제 형벌이 집행된 적은 없음을 알 수 있다.

연방 및 국제기구의 인사들은 물론이고, 나이지리아의 50퍼센트를 차지하는 무슬림들 또한 판사 및 대리인, 재판 절차 등에 비판적이다.

샤리아로 돌아가자는 대중적인 압력이 존재하는 반면, 샤리아 체제에서 보통 사람들이 자신들의 권리와 의무, 또는 절차에 의문을 제기할 기회에 무지하다는 사실은 무슬림들이 오랫동안 우려해 온 점이었다. 이러한 상황이 바뀌지 않는 한, 이 이슈는 나이지리아의 정치와 법체계의 한계를 계속해서 시험할 것이다.

NO-NONSENSE

이슬람과 동성애

대다수의 무슬림은 『꾸란』에서 동성애를 금지했다고 믿는다. 사실 『꾸란』은 이 문제에 대해 침묵하고 있다. 『꾸란』에서 동성애를 언급하는 유일한 부분은 선지자 롯의 민족에게 가혹한 처벌이 내려졌다고 기술한 소돔과 고모라의 이야기뿐이다. 일부 무슬림 학자들은 이것이 동성애 자체가 아닌 보편적인 무절제에 대한 처벌이라고 제시한다.

고전 무슬림 법학자들은 남색이 성적 범죄라는 데 동의하는 경향을 보였지만 그 처벌에 대해서는 의견을 달리 했다. 이맘 아부 하니파에 따르면, 동성애는 간통 범죄에 댈 것이 아니므로 특별한 처벌은 필요 없다. 그러나 항상 극단적인 견해를 보였던 이맘 말리크는 동성애가 중대한 범죄이며, 투석 형에 처해야 마땅하다고 주장했다. 이러한 판단은 선지자의 몇몇 전승에 근거한 것인데, 일부 학자들은 그 전승의 진위를 의심하고 있다. 선지자 무함마드가 누구를 남색으로 처벌했음을 시사하는 증거는 없다.

호모포비아와 동성애에 대한 박해는 무슬림 세계에 만연해 있다. 사우디아라비아, 이란, 아프가니스탄에서 동성애자에 대해 사형을 집행한 전례가 있고, 열 개 무슬림 국가의 법령에 동성애에 대한 처벌을 사형으로 규정하고 있다. 말레이시아와 인도네시아 등 여러 국가에서는 남색에 대해 장기 구금 형을 선고한다. 터키와 이집트에서는 동성애가 불법이 아니다. 하지만 이집트는 파키스탄, 리비아, 사우디아라비아, 말레이시아와 더불어 지난 2003년 4월, 게이와 레즈비언의 권리를 보호하려는 유엔의 계획을 무산시키는 데 주도적 역할을 했다. 이 다섯 나라의 행동은 바티칸의 강력한 지원을 받았다.

현재 미국의 학자들로 구성된 '진보적 무슬림progressive Muslim', 워싱턴에 근거지를 둔 조직인 '알-파티하al-Fatiha' 등 세계 전역의 여러 무슬림 집단이 동성애에 대한 무슬림의 태도를 개혁하려는 운동을 벌이고 있다.

부록 | 205

부록 3

■ 원서 주석

■ 여는 글

1. M Asada, 'The Spirit of Islam' in *Islam:Its Meaning and Message* edited by Khurshid Ahmad (Islamic Foundation, Leicester, 1975, p.51)

■ 2장

1. R al-Faruqi, *Tawheed:Its Implication for Thought and Life* (International Institute of Islamic Thought, Washington, 1982, p 139)

■ 6장

1. Richard Fletcher, *The Cross and the Crescent*, Allan Lane, 2003, p 78.
2. Michael Edwards, *Raj*, Pan Books, London, 1969, p 151.
3. E. Said, *Orientalism*, Routledge and Kegan Paul, London, 1978, p 1, 3, 41-42
4. W. M. Watt, *The Influence of Islam on Medieval Europe*, Edinburgh University Press, 1972, p 82

 NO-NONSENSE

부록 4

■저자 참고 문헌

The Koran Interpreted by A J Arbeery (Ocford University Press, 1964). 한국어판은 『성꾸란 의미의 한국어 번역』(최영길 옮김).

The Meaning of the Glorious Koran by M M Picthall (various editions).

Introducing Islam by Ziauddin Sardar and Zafar Abbas Malik (Icon Books, 2002).

On Being a Muslim by Farid Esack (One World, 1999).

Revival and Reform in Islam by Fazlur Rahman (One World, 2000).

Women in the Qur'an by Amina Wadud (Oxford University Press, 1999).

'Believing Women' in Islam by Asma Barlas (University of Texas Press, 2002).

Orientalism by Ziauddin Sardar (Open University Press, 1999).

The Crusade Through Arab Eyes by Amin Maalouf (Al-Saqi, 1984).

Islamic Science and Engineering by Donald R Hill (Edinburgh University Press, 1993).

A History of Arab People by Albert Hourani (Faber and Faber, 1991).

The Venture of Islam by Marshall Hodgson (Chicago University Press, 1974, 3 vols).

부록 5

■ 관련 단체

■ 뉴질랜드

뉴질랜드 국제 무슬림 협회(International Muslim Association of New Zealand)
주소 PO Box 3101, Wellington 전화 +644 387 4226
전자우편 iman@paradise.net.nz

■ 호주

호주 이슬람 평의회 연합(The Australian Federation of Islamic Councils)
주소 PO Box 1185, Waterloo DC NSW 2017
전화 +61 2 9319 6733 팩스 + 61 2 9319 0159
전자우편 afichalal@bigpond.com

■ 캐나다

캐나다 이슬람 회의(Canadian Islamic Congress)
주소 Suite 424, 420 Erb St W. Waterloo N2L 6K6
전화 +1 519 746 1242
전자우편 cic@cicnow.com

캐나다 무슬림 시민 자유 연합(Canadian Muslim Civil Liberties Association)

주소 885 Progress Ave. UPH 14, Toronto M1H 3G3

전화 +1 416 289 3871 팩스 +1 416 289 0339

■ 아일랜드

아일랜드 이슬람 재단(The Islamic Foundation of Ireland)

주소 163 South Circular Road, Dublin 8

전화 +353 453 3242

전자우편 ifi@indigo.ie

■ 영국

1. 영국 무슬림 평의회(Muslim Council of Britain)

주소 PO Box 52 Wembley Middlesex HA9 0XW

전화 +44 20 8903 9024

전자우편 admin@mcb.org.uk

2. 이슬람 재단(The Islamic Foundation)

주소 Markfield Conference Centre Ratby Lane, Markfield, Leicester LE67 9SY

전화 +44 1530 244 944

전자우편 info@islamic-foundation.org.uk

■ 미국

1. 북미 이슬람 협회(Islamic Society of North America)

   주소 PO Box 38 Plainfields, IN 46168

   전화 +1 317 839 8157

   전자우편 info@isna.org

2. 미국 무슬림 평의회(American Muslim Council)

   주소 1212 New York Avenue NW Suite 400, Washington DC 20005-6102

   전화 +1 202 789 2262

   전자우편 amc.dc@ix.netcomcom

3. 미국-이슬람 관계 평의회(The Council of American-Islamic Relations)

   주소 453 New Jersey Avenue SE, Washington DC 20003-4034

   전화 +1 202 488 8787

   전자우편 webmaster@cair-net.org

■ 한국

한국 이슬람교 중앙회

   주소 서울시 용산구 한남2동 732-21

   전화 02 793 6908(대표전화), 02 793 3156(선교국) 팩스 : 02 798 9782

   홈페이지 http://www.koreaislam.org

   전자우편 webmaster@koreaislam.org

NO-NONSENSE

부록 6

■ 함께 보면 좋을 책과 영화

■ 책

이븐 바투타 여행기 1, 2
이븐 바투타 지음, 정수일 옮김, 창비

14세기 초 이슬람의 법관이자 학자였던 이븐 바투타의 세계 여행기. 동서교역사와 실크로드학을 전공한 정수일의 꼼꼼한 번역으로 한국에 처음 소개되었다. 이슬람 세계가 다극화되던 무렵, 30년 동안 세계를 누빈 이븐 바투타의 기록은 화려한 문체로 지적 호기심과 의지, 이슬람의 사고방식을 잘 표현해 냈다. 서구 중심 시각에서 벗어날 수 있게 해 주는 멋진 여행기다.

이슬람 문명
정수일 지음, 창비

'이슬람교는 폭력과 타락의 종교'라는 편견 때문에 이슬람 문명이 지닌 가치는 폄하되기 일쑤였다. 단지 신앙만이 아니라 정치와 경제, 과학과 철학 모든 곳에 영향을 끼친 이슬람 문명에 대한 이해를 높일 수 있게 도와주는 책이다.

페르세폴리스 1—나의 어린 시절 이야기
마르잔 사트라피 (지은이) | 새만화책

이슬람 혁명기에 어린 시절을 보낸 소녀의 눈으로 이슬람 세계를 보여 주는 멋진 만화책이다. 격정의 시기에 억압받고 도망다니면서 그 사회를 이해하려고 하고, 세계를 품어 안으려 애썼던 어린 소녀의 눈에 남은 이슬람 이야기는 이 세계에 대한 잔혹한 선입견을 풀어 준다.

오리엔탈리즘

에드워드 사이드 지음, 박홍규 옮김, 교보문고

서구가 동양을 지배했던 개념으로 '오리엔탈리즘'을 내세운 저자 에드워드 사이드의 통찰력이 올곧게 담겨 있는 책이다. 식민지주의, 인종차별주의, 자민족중심주의와 결부된 서구가 이슬람 지역을 어떤 식으로 지배해 왔는지를 보여 주면서 미국 외교 정책을 강력히 비판하고 서구의 이슬람 문명에 대한 여론 조작을 바로잡으라고 촉구한다.

이슬람—9.11 테러와 이슬람 이해하기

이원삼, 이희수 외 12인 지음, 청아출판사

전 세계에서 테러리즘과 결부되어 비난받고 있는 이슬람 세계를 온전하게 바라볼 수 있게 도와주는 책이다. 일상생활은 물론 종교와 예술, 여성 문제나 정치 지도자에 대한 이야기까지 현대 이슬람의 여러 가지 주제를 항목별로 차근차근 이해할 수 있게 한다.

*전국의 이슬람 성원에서는 『성 꾸란 의미의 한국어 번역』(최영길 옮김), 『꾸란 해설』(최영길 옮김), 『이슬람의 다처주의관』(한국이슬람교 중앙연합회), 『꾸란에 비친 예수 그리스도』(마천영), 『이슬람은 왜 돼지고기를 금하는가』(이슬람교 중앙연합회) 같은 책들을 구해 볼 수 있다.

■ 영화

사막의 라이온
무스타파 아카드 감독, 1981년

20세기 초에 벌어졌던 이탈리아와 리비아 사이의 20년 전쟁을 소재로 만든 영화다. 영국은 이집트를, 프랑스는 튀니지아를, 스페인은 모로코를 점령했던 이 무렵 리비아를 침공한 이탈리아는 1910년부터 1929년까지 교착 상태에 빠져 있었다. 무솔리니가 파견한 새 지휘관 그라치아니에 의한 양민 학살을 막는 베드윈 족 지도자 무크타르의 활약이 계속되어 이탈리아 군은 번번이 싸움에서 지고 만다. 영화는 베드윈 족 5천 명이 포로로 잡히고, 무크타르가 처형되기까지의 과정을 가감 없이 보여 준다.

메시지
무스타파 아카드 감독, 1976년

철저한 고증을 통해 모함마드에 대해 다룬 영화. 많은 사람들이 이슬람에 대한 왜곡된 시각을 갖게 된 것은 할리우드의 유대인 자본으로 만들어진 영화에 쉽게 노출되어 왔기 때문인데, 이 영화를 통해 헤지라, 다신교 숭배, 라마단 단식 같은 의례들이 만들어지고 이슬람의 기본 정신들이 어떻게 구현되었는지를 제대로 확인할 수 있다.

■ 옮긴이의 글

우리가 알고 있는 이슬람, 혹은 우리가 전혀 모르는 이슬람

유나영

  이 책의 서문에는 이슬람에 대해 아무도 속 시원히 말해 주지 않던 매우 중요한 지적과 질문이 제시되어 있다. 요약하면 이렇다. 오늘날의 이슬람은 테러리즘, 근본주의, 독재, 여성에 대한 억압 등등으로 잔뜩 욕을 먹고 있다. 그런데 정작 무슬림들은 이런 질문을 회피하거나 얼버무리면서 모든 것을 서구의 탓으로 돌리거나, 이슬람의 원론적인 이상을 내세우거나, 찬란했던 과거의 역사를 가리키는 경향이 있다. 과연 이슬람의 이상은 위대하며, 과거의 이슬람은 세계에서 가장 진보적이고 선진적이며 관대한 문명을 건설했다. 문제는 이 모두가 지나간 역사이며 현재의 이슬람과 거리가 멀다는 것이다. 그렇다면 오늘날의 이슬람은 왜 이렇게 본래 모습에서 멀어졌을까?

  사실 이 책은 새로운 견해나 이론을 제시하려 쓴 책이라기보다는 무슬림이 아닌 일반인들에게 이슬람의 전반에 대해 간략히 소개하는 개론서다. 이슬람을 알기 쉽게 소개하는 책은 이미 많이 나와 있지만, 이 책은 몇 가지 점에서 독특한 시각을 취하고 있다.

첫째, 저자들은 이슬람을 단순한 종교 혹은 문명이 아니라 종교, 문명, 세계관이라는 세 가지 요소의 결합으로 이해하고, 그중 한 가지 측면만 따로 떼어 놓고 본다면 이슬람의 본모습을 놓치는 것이라고 말한다. 그래서 이 책의 1장과 2장 앞부분에서는 종교로서의 이슬람에 초점을 맞추어 『꾸란』과 선지자 무함마드와 이슬람교의 교리에 대해 설명하고, 2장 뒷부분에서는 이슬람의 세계관과 사회정의를 바라보는 관점에 대해 소개하며, 3장부터 5장까지는 정통 칼리프 시대 이후 이슬람 제국이 팽창하고 찬란한 문명을 세우기까지의 이야기를 들려주면서 문명으로서의 이슬람을 개괄하고 있다.

둘째, 이슬람이 단일한 사상이나 문명이 아니라, 지리적으로나 문화적으로나 대단히 다양하고 이질적인 복합체임을 강조한다. 예를 들어 흔히 이슬람 세계 하면 바로 서아시아(중동)를 떠올리는데, 저자들의 지적에 따르면 무슬림 중에 아랍인은 20퍼센트에 불과하다. 그 외 대부분의 무슬림은 동남아시아, 인도, 아프리카, 중앙아시아, 심지어 영국, 프랑스, 호주에 이르기까지 널리 퍼져 있으며, 미국에만도 거의 유대인의 수와 맞먹는 무슬림이 살고 있다고 한다. 게다가 역사를 살펴보아도 다양한 종교와 문화와 언어가 각자 독립성을 유지하면서 공존하는 전통이야말로 바로 무슬림 문명의 본모습이었다는 것이다.

셋째, 이 책에서 소개하는 이슬람은 서구에 거주하고 정치적으로 진보적인 무슬림의 시각으로 본 이슬람이다. 이 책의 저자들은 무슬림이되 여성과 동성애자의 권리, 정치적 민주주의와 다문화주의를 옹호하며, 이슬람 근본주의와 서구 제국주의를 둘 다 강하게 비판하는 입장을 취하고 있다.

저자 중 한 명인 메릴 윈 데이비스는 무슬림으로 개종한 웨일스 출신의 백인 여성이며, 또 다른 저자인 지아우딘 사르다르는 펀자브에서 출생하고 영국에서 자란 파키스탄계 무슬림이다. 특히 지아우딘 사르다르는 젊은 시절인 1960년대와 1970년대에 이집트, 터키, 파키스탄, 말레이시아, 중국 등지를 돌며 무슬림 학생 운동과 개혁 운동에 참여한 경력이 있는데, 그 과정에서 이 책의 7장에서도 잠깐 소개되는 마우두디와 사이드 쿠틉 등의 개혁 사상에 심취하기도 하고 이란 혁명에 흥분하기도 했지만, 그런 개혁이 편협하고 폭력적인 근본주의로 변질되는 것을 보고 결국 실망과 환멸을 느꼈다고 한다.[1]

저자의 그러한 지적 편력을 반영하듯, 이 책은 5장에서 과거 이슬람 문명의 관대함, 다원주의, 선진성을 인상 깊게 소개한 다음, 6장에서는 서구 식민주의와 오리엔탈리즘의 죄상을 신랄하게 고발했다가, 8장에서는 현대 이슬람 세계의 근본주의와 독재와 억압에 대해 가차 없이 비판하고 있다. 그리고 9장에서는 이슬람의 개혁을 서둘러 촉구하면서 결론을 맺는다.

그렇다면 과연 저자들이 지향하는 이슬람은 어떤 모습일까? 이 책에서 뚜렷한 대답을 제시하지는 않지만 이곳저곳에 암시된 내용을 보면, 그것은 대체로 '꾸란과 이슬람의 기본 정신을 현대에 맞게 새롭게 해석하자'는 것 같다. 저자들은 계율에 집착하는 이슬람 근본주의가 사실상 『꾸란』이나 과거의 전통과 관계없는, 현대에 들어와 새롭게 조작된 도그마라고 주장한다. 특히 『꾸란』에 계율을 지시하는 내용이 거의 나오지 않는다는 점, 본래의 이슬람이 개인의 신앙 못지않게 사회정의의 윤리를 근본으로 삼는 종교라는 점은 신선한 지적이다.

하지만 이 때문에 과거 이슬람 문명의 선진성, 혹은 『꾸란』에 나타나 있는 이슬람의 본모습과 현재 이슬람 세계의 암담한 상황이 더더욱 비교되는 것도 사실이다. 책을 덮고 나면 우리는 저자들이 이 책의 서문에서 제기한 질문으로 다시 돌아가게 된다. 과거의 이슬람 문명이나 『꾸란』에 표현된 이슬람의 본모습이 그토록 선진적이라면, 오늘날의 이슬람은 왜 이토록 퇴행적인 모습을 띠게 되었을까?

사실 이 모두가 서구 식민주의와 오리엔탈리즘의 죄과이자 반작용이라는 것이 가장 손쉬운 대답일 것이다. 하지만 저자들은 무슬림들이 모든 잘못을 반사적으로 서구에 떠넘기는 경향 또한 비판한다. 무슬림 스스로 탐구 정신을 잃고 근대성에 적응하지 못한 책임도 있다는 것이다. 물론 맞는 말이지만 이는 질문에 대한 대답이 아니라, 누구나 할 수 있는 원론적인 얘기에 불과하다.

이를테면 이런 것이다. 저자들은 13세기에 들어서 갑자기 '이즈티하드의 문'이 닫혔다고 하는데 그 경위는 무엇일까? 저자들이 주장하는 것처럼 근본주의가 '현대에 들어와서 조작된 도그마'라면, 그것은 어떤 연유로 어떤 과정을 거쳐 조작되고 힘을 얻게 되었을까? 한마디로 '이슬람의 이론적인 이상과 과거의 진보적인 후광이 어떻게 해서 어떤 역사적 과정을 거쳐 현재 이슬람 세계가 처한 암담한 상황으로 귀결되었을까? 저자들은 책 전체에서 끊임없이 이런 질문을 제기하지만, 그저 '당혹스러운 일'이라고만 할 뿐 속 시원한 대답을 해 주지 못한다.

사실 이것은 이 작은 책의 범위를 뛰어넘는 질문일 수도 있고, 앞으로 우리가 저자들과 함께 탐구해야 할 과제인지도 모른다.

---

1) Ziauddin Sardar, *Desperately Seeking Paradise: Journeys of a Sceptical Muslim*, Granta, 2004.

《아주 특별한 상식 NN-이슬람》
이슬람, 우리는 무엇을 알고 있나?

지은이 | 지아우딘 사르다르 · 메릴 윈 데이비스
옮긴이 | 유나영
펴낸이 | 이명희
펴낸곳 | 도서출판 이후
편집 | 김은주, 김진한
표지 · 본문 디자인 | Studio Bemine

첫 번째 찍은 날 | 2007년 7월 27일
두 번째 찍은 날 | 2009년 1월 31일

등록 | 1998년 2월 18일 (제13-828호)
주소 | 121-754 서울시 마포구 동교동 165-8 엘지팰리스 827호
전화 | 전화 (대표) 02-3141-9640 (편집) 02-3141-9643 (팩스) 02-3141-9641

ISBN 978-89-88105-96-2 04300
ISBN 978-89-88105-93-1 04300 (세트)

이 도서의 국립중앙도서관 출판시도서목록(CIP)은
e-CIP 홈페이지(http://www.nl.go.kr/cip.php)에서 이용하실 수 있습니다.
(CIP제어번호: CIP 2007001750)

값 9,500원